ちくま文庫

酔っぱらいに贈る言葉

大竹聡

筑摩書房

目次

酔っぱらいに贈る言葉

大酔っ払いの前口上

酒にまつわる言葉というと、いろいろございます。

まず、酒は百薬の長、というのがある。適度な酒はあらゆる薬に勝るということですが、すばらしいですな。私も、そうだと思う。

ただし一方で、酒は万病のもとでもある、なんてことを付け加えずにはおれぬ、という人もいらっしゃる。そういうご仁は、酒は飲んでも飲まれるな、なんてことも言うのでしょうか。

けだし名言かな――。そうは思いますよ。しかしながら、引っかかるところがないでもない。もちろん、飲まれてナンボと居直るつもりも毛頭ない。ないけれども、飲まれるのが習わしの私のような大酔っ払いに、「飲まれるな」と言われてもね。弱気な反撃のひとつもしたくなります。せめて放っておいていただきたい。

私が好きな言葉はずばり、これです。

酒は飲め飲め飲むならば――。

いいですね。スカッとしている。でもまあ、これも言葉には違いないが、黒田節ですからね。それこそ謡いあげてナンボの世界。しかもその時点ですでに大いに酒が入ってしまっている感じがします。

見渡してみると、短歌、俳句、詩、小説、随筆、あるいは折に触れての発言の中に、実にしばしば酒は登場する。古今の偉人による名言金言にあたるまでもなく、すぐそばに、そういう「酒の言葉」は転がっている。酔って小耳にはさんだ客の話。帰りのタクシーの運転手がこぼした小話。そして、好き好んで何度も読んだ文学作品の数々の中に、酒にまつわる、星のごとく輝く言葉を見つけると、それはもう、たったそれだけで、たいそうおいしい酒肴《しゅこう》になります。

ひとり酒を飲む晩に、誰に気兼ねすることもなく、そうした言葉のあれこれを思い出してはニヤニヤ笑う。それも穏やかな酒の楽しみ方というものでしょう。

苛烈な酒がある。無残な酒もある。生き死にをかけた酒もあれば、あっけらかんと底抜けに明るい酒もある。人はその、おかしみや不思議さを、古今より、言葉に託して表してきた。絵に描けず、写真に撮れない酒との抜き差しならない関係がさりげない言葉に滲むとき、ああ、おもしろいな、と素直に思います。

昔、私の酒の飲み始めの頃、友人の父親の晩酌はウイスキーでした。鉄材関係の会社を経営していて、小さい所帯ながら従業員を食べさせ、私ら、若いものの面倒も見てくれた。何をしたかというと、晩酌に招くのです。

「額に汗して働いた後の酒はうまいな」

親父さんの会社でアルバイトをしている友人もいましたから、そんな会話も出る。ぱぱっと飲んで早々に眠る親父さんは、明け方、四時には起きてくる。私らがビールなど飲みながら徹夜マージャンに興じていると、「おい、一局、混ぜろ」なんて言って朝一から卓を囲んでくれたこともある。

うまそうに酒を飲む人で、私の、酒飲みかくあるべし、という雛形はこの人だ。

親父さんの会社に勤めていた、もうひとりのお父さんは学者肌だった。というより、鉄骨屋に勤める前は大学の先生だったと聞いた。その先生とも親父さんの晩酌の席で一緒に飲んだことがあるのだが、それからほぼ二十年経ったとき、酒場でお会いしたことがある。作業服姿の先生しか知らなかったが、その日はスーツ姿だった。

先生は哲学の研究者だったと聞いたことがある。瘦身、蓬髪《ほうはつ》、大きな眼の深い色に、その風格があった。

かつての友人たちと会ってきた帰りだという。先生はしたたか酔っていた。

「友がみな、我よりえらく見ゆる日よ……」

「啄木ですね」

「君はわかるか」

「花を買い来て……」

先生は、私をじっと見て、私もその目線をごく自然に見返していた。この歌に酒の二文字は出てこない。けれど、これを、酒を抜きに語れるか。そんな思いがあった。思いは、たった、ひと言にあって、それ以上でも以下でもない。そんな、酒にまつわる言葉の筆頭が、私にとっては「額に汗して……」であり「友がみな……」である。日々の表層に浮かぶことはまずないが、記憶にはたしかにとどまっているもの。うまい具合に酔った晩に、ふと浮かんでくる光景や言葉。そういうものを、私の好きな人や作品の中から選んでみました。ずいぶん勝手なふるまい。けれど、こんな言葉の数々に、「ホレ、がんばれ」と支えてもらっているような気もします。

短い本ですが、私自身の思いも含めて、今夜の酒の良きお相手になることを自ら期待しまして、恥ずかしながら僭越至極の前口上とさせていただきます。

酒がいちばんいいね。酒というのは人の顔色をみない。貧乏人も金持も同じように酔わしてくれるんだ

古今亭志ん生

結城昌治『志ん生一代（下）』（小学館）

古今亭志ん生（ここんてい・しんしょう）落語家。一八九〇～一九七三年。神田生まれ。落語界を代表する名人。大酒飲みで知られた。古今亭志ん朝は次男。

この人の高座《こうざ》を見たことがありません。一九七三年に他界したというから、私はそのとき十歳。まあ、仕方がないことなのかもしれませんが、間に合いたかったな、と思わせる名人であった、らしい。

酒のほうの腕前には、いくつもの逸話が残っていて、関東大震災のとき、酒瓶が割れて地面に沁みこんでしまうのは忍びないと酒屋に頼んで次々に飲み、帰宅したときにはベロベロだったとか。

他にはこんなのもある。連夜の飲みすぎで、とうとう高座で居眠りを始めてしまった。ある客が起こそうとすると、別の客が、「寝かせておいてやれ」と言う。そこまで愛されるほどに、酒飲みとしての人柄が知られていたということです。

ここに紹介した一文にも、滲み出るものがありますよ。酒の前にあっては貧乏人も金持ちもない。酒を飲めば酔うのは同じ。気取ってみたところで、あるいは高い酒を飲んでみたところで、酔う段階になればみんな似たようなもの。人類は法のもとでは平等といいますが、酒のもとでも平等なんですな。志ん生師匠にしか言えない。これは至言というものでしょう。

あとこれは、ビールがたいへんに流行りはじめた頃のことらしいですが、「最近はビールを飲む人が増えていますが、師匠はやはり酒ですか」と聞かれた志ん生は、すごいことを口走ったらしい。

「ああ、ビールはすぐにションベンになっちまっていけない。酒はうんこになる」

ここまでくると、何を言っているんだが、わかりません。酒はうんこになる。すごいことを言うではないですか。ビールをぐいぐい飲むとションベンが近くなるってのは感覚的もよくわかるのですが、酒がうんこになるってのは、どうなのか。

なんかこう、実感がいまひとつこもらないというか。たいへん難解なひと言でもあるんですが、しかしどこか、さもありなんと思わせるところもあって、しばし考えさせるあたりが、けだし名言であると。

ひとつ言えそうなことは、酒はうんこになる、というレベルに到達するまでに、常人で想像もつかぬほどの酒を飲んできたということでしょう。誰もが到達できるわけではない、はるかな高みに上り詰めてこそ、酒はうんこになる。そのひと言が天から降ってくる、いや、腹から下っていくのかもしれません。

この店のビールはうまいから帰りに六本包んでくれ

内田百閒

山口瞳『旦那の意見』（中公文庫）所収「投手板上のオナラ」より

内田百閒（うちだ・ひゃっけん）一八八九〜一九七一年。岡山県岡山市生まれ。夏目漱石門下の日本の小説家、随筆家。『阿房列車』、『百鬼園随筆』は、紀行文、随想集として人気を集めた。

山口瞳さんのエッセイで、こんなふうに書かれている。

〈内田百閒さんが料亭でビールを飲み食事をした。百閒さんが内儀に言った。「この店のビールはうまいから帰りに六本包んでくれ」〉

いいですねえ、このひと言。なぜか、外で飲む酒とウチで飲む酒は味が違い、外は外で、店によって違う。もっと言うと、店の居心地、酒肴との取り合わせ、誰と一緒であったか、あるいは、体調、気分にいたるまでが、酒の味に微妙に影響する。それは酒飲みなら誰でも知っているものですが、ここのウチのビールはうまいから、というところに、分厚い壁を感じます。しかも、六本包んでくれというあたりに、おかしみがあるし、瓶ビール六本は軽くはないのに、それを持って帰ろうというのだから、この人、只者《ただもの》でなし、と納得がいく。

第一、絵が見えてくる。内儀が風呂敷で巧みに包んだビールを手に提げて、帽子なんかに、こう一方の手をやりながら、「では内儀、また、来るよ」とか言いながら車へ乗り込むか、ぶらぶらと歩き出すか。いずれにしても、では、今夜はこれで帰るよという、去り際のやさしさみたいなものが滲み出してくる。こういうひと言が言えるようになったら、飲兵衛も本物だなあ、なんて思う。缶ビール全盛、コンビニ全盛という今日だからこそ、やってみる価値があるかもしれない。

寿司折りを持ち帰るのはごく当たり前のカタチだし、酒場によっては、時間が経ってもいたまない酒肴を土産に詰めてくれるところも、筆者は知っている。けれど、お客さんの飲みっぷりがあんまり気持ちいいから、気に入った、ウチの酒持ってくんな！　などと言われたことはないし、自分から、四合瓶一本分けてくれと頼んだこともない。

ましてやビールである。帰りに六本包んでくれ、というのはやはり底抜けにおもしろい。

おっちゃんをな、ただの運転手思たらあかんで。おっちゃんはな、
……、旅がらすや

天王寺のタクシー運転手さん

ちょっとばかり昔の実体験です。

天王寺界隈に出てぶらぶらし、それからジャンジャン横丁で串カツとドテ焼きで昼間からビールを飲み、夕刻になって、ああ、そろそろ本気で飲みに行こうかと、同行していた先輩と話し合ったときでした。

「宗右衛門町《そえもんちょう》に、オカマさんたちの最高のショーパブがあるから、そこ、案内するよ」

と、先輩が言う。そういうところをよく知りませんし、大阪でもあるし、興味津々でついて行くことにしたわけですが、すでに、軽く酔う程度に飲んでいて、気が大きくなっていたものか、先輩は、タクシーを奮発しようと、ジャンジャン横丁から動物園側のほうへと出た。

一台のタクシーが停車しているが、運転手さんの姿はない。エンジンがかかったままという、なんともあけっぴろげな感じなのだが、しばらく待つと、近くの公衆トイレから運転手が出てきた。

宗右衛門町へ行きたいと告げると、上半身を大きく左へねじって後部座席に顔を向け、

「遊びに行くんやね？」

満面の笑みである。車を発車させ、「宗右衛門町はどのあたりにつけよか？」なんてやさしく訊いてくれるのはいいが、そのたび、上半身をねじって顔を後ろへ向ける。長い時間ではないが、前方不注意になる。

私などは、ああ、怖いなあ、と思いながら乗ってるわけですが、運転手さん、あれやこれや、話が止まらない。昔はよう飲んだよ、という話。芸能には一家言あるのだという話。好きな歌手がおって、昔は追いかけたりもしたという話。なんでも、都はるみさんに入れあげて、リサイタルを追いかけたというのだが、大きな交差点の信号で停車して、ふたたび発車するタイミングで、運転手さん振り向いて、にやっと笑う。

「おっちゃんをな、ただの運転手思たらあかんで」

「はあ、ただの運転手さんではないんですか」

「そうや」

車を発車させた後で、また上半身をねじり、そこで話をためてから前方へ視線をもどし、

「おっちゃんは」

車を走らせたまま、運転手さんはまたまた身体をねじって顔を私らに向け、おそらくは酒焼けであろう赤黒い顔でニカーッと笑っている。

そして、

「ああ、前を見て前を」

と言いかけたい私を制して、声を絞るように言ったのだった。

「おっちゃんはな……、旅がらすや」

軽く見得を切るかっこうになっている。

決まった。このひと言は、なぜか私に、決まった、と、思わせた。

「たびがらす、ですか……」

酔いを醒ますひと言というのはたいていの場合、不平不満、叱責、面罵、咆哮と、相手を叩く言葉であるが、おっちゃんは、違った。見得と笑いと意味のよくわからぬ喩えでもって、私を完全に素面に戻してしまったのだった。

このときの旅烏の前方不注意が何秒に及んだか。定かでないが、思い出すだに恐ろしい。

おっちゃんをただの運転手、あたりから、旅がらすや、のあとの最後の余韻までを試みに再現してみると、軽く三秒はかかったはずである。

わしなんか若い頃は、上げるまで飲みよったよ。
もう、ベトンベトンになるまで

小倉のタクシー運転手さん

運転手さん名言集の第二弾です。

もう、かれこれ十二年ほど前のこと。はじめて北九州の旅仕事をしたときです。夏の暑い時期に、酒屋の店内で飲ませる「角打《かくう》ち」の特集を担当させていただきました。飲んで歩くだけの仕事、というとウソみたいですが、本当にそんな感じで、ただ、二泊三日、朝から晩までよく飲んだから、終わったときはヘロヘロになった。

カメラマンとふたりして、帰りの北九州空港まで、タクシーに乗せてもらいました。運転手さんが話しかけてきたきっかけが何であったか、記憶にない。けれど、角打ちをめぐってきて、これから締めに、空港でまた焼酎をやってから東京へ帰ろうと思っている。そんな心積もりを、伝えたはずです。

「わしも、昔はよう飲んだよ」

「ああ、そうですか。焼酎ですか」

「なんでも」

「私も日本酒だろうが焼酎だろうが、なんでも行くほうで」

「そうかあ、わしなんか若い頃は、上げるまで飲みよったよ」

上げるというのは吐く、ということだと気づくのに、ほんのちょっとの間があったのですが、運転手さんはその間隙を逃さなかった。

「もう、ベトンベトンになるまで」

ベトンベトン……。

べろんべろんなら聞いたことがありますが、ベトンベトンは初めてだ。思うに、べろんべろんと言うつもりだったが、「上げる」話をしたものだから、ベトベトのイメージが入り込んで、なんとも言えないひと言に仕上がったということなのでしょう。同行の写真家が笑いをかみしめ、「ベトンベトンって……」と呟くのが耳に入るや、私も笑いをこらえられない。

「今も、ベトンベトンになるまで飲まれますの?」

笑いながら訊くわけです。

小柄で、胡麻塩頭の運転手さんは、いやあ、と言って左手で、じょりじょりしそうな後頭部を撫でながら答えたものです。

「あのね。もう酒を飲んだらいかんいうところまで飲んだからね。あの、アルコールをやめるところに入ってね。それで酒をやめたのよ」

「断酒会みたいなやつですか?」

「そう、あれで、すっぱりやめた」

「今は、大丈夫なんですか」

「飲まないからね」

すごい話だな。と思う。それだけ飲んだ人がすっぱり縁を切るすごさがひとつ。もうひとつは、今、運転を仕事にしているってこと。

私と写真家は、なぜか、深く納得した。人生、どこの世界にも、上には上がいるものなのだ。そのことに、深い深い二日酔いのど真ん中で、気づかされた。

空港へ着いて空を見上げると、よく晴れて清々しい。

撮影機材を預けるや、私たちは酒コーナーへと足をのばした。記憶が定かでないが、レストランに入って飲んだのではなく、試飲もできる酒販コーナーというか、焼酎バーというか、そのようなところだったと思う。

当時すでに、搭乗前にベトンベトンであった場合は搭乗を拒否される可能性がありましたから、私たちは、かなり用心しながら、それでも何杯かの酒を飲んだ。

朝から何も喰っていない胃袋に、焼酎がじわりと沁みこんでいく。この次、小倉へ来たときに、道で手を上げたらその車があの運転手さんの車だった……。そんなことがあったら最高だなと思いながら、また少し、用心しながらグラスを傾けた。

酒を飲むよりも水を飲む、酒を飲まずにはゐられない私の現在ではあるが、酒を飲むやうに水を飲む、いや、水を飲むやうに酒を飲む、——かういふ境地でありたい。

種田山頭火

『其中日記』山頭火文庫3（春陽堂）

種田山頭火（たねだ・さんとうか）俳人。一八八二〜一九四〇年。山口県生まれ。出家し、旅と酒に明け暮れ、自由律俳句を詠んだ漂泊の人。

出家し、漂泊と句作に生涯を捧げた種田山頭火は、相当な酒飲みであったらしい。

酔うてこほろぎと寝てゐたよ
分け入つても分け入つても青い山
ほろほろほろびゆくわたくしの秋

これらは代表作とされる句であるが、いずれも外の光景が描かれている。最後の句の場合も暮れてゆく秋の日に、いよいよ迫る人生の終焉を見ている、と言えなくもない。ほかの二句については外の光景や外にある自分を描いている。

一方の、冒頭の言葉は、一九三二（昭和七）年、山口県小郡町《おごおり》（現山口市）に設《しつら》えた庵《いおり》での生活を記した『其中日記』から引いた。ここには身辺の雑記、生活信条、本日は誰とあれこれ話したとか、生活の記録がしたためられているのだが、この一節は、昭和十一年の年頭所感。この年、山頭火は五十四歳になるのだが、その年頭にあたって、私は私だ、芭蕉になろうとも思わぬし、良寛を装えば良寛を汚すことになると、力を込める。

私は山頭火になりきればよろしいのである、自分を自分の自分として活かせば、それが私の道である。

と日記に綴り、続けて、

歩く、飲む、作る、――これが山頭火の三つ物である。
山の中を歩く、――そこから私は身心の平静を与へられる。

歩く、の次の飲む、とは何のことか。それが冒頭の言葉。水を飲む、と書いた直後に飲まずにいられないと心境を吐露し、酒のように水を飲む、と言ってみたそばから、水を飲むように酒を飲む境地でありたい、というのである。

うーん。痺れますな。オレは今年から山歩きをしながらおいしい水をいただきますよ、と言って、おや、師匠、それはまた、立派な心がけで、なんておべっかを使おうかと思うや否や、いやいや水を飲むように酒を飲むと来た。バックドロップを決められたくらいの衝撃を受けるじゃないですか。

というより、このお言葉、どこぞの飲み屋で、聞かれそうですな。

「なあ、おい、オレはしばらく酒抜きでいくよ。これが最後、最後の一杯。でね、明日からは水を飲む。それでも、そんじゃつまらないからね。ここへ来て、いつものとおりに、グラスに一杯注いでもらって、ああ、もちろん、水だよ、水をくーっとね、酒のようにやる。うーん、どうかね。うまいかね、これが。水をくーっと飲んで生きている心持ちがするものかね？　ねえ、キミはどう思う？　え？　そんなうるさいこと言うなら飲んじまえって？　はあ、その手があったね。水をくーっとやる塩梅で酒を飲む。こういう寸法だね？　うん、それは名案だよ。水だと思って飲みゃ、酒も水のようにすいすいと入っていこうってもんだ」

……。延々とくだらないことを書きましたが、これ、ちょっとばかり禁酒して仕事に精進しようかいって、思ったアタクシが、某店のカウンターでのたまったことでございます。

話は飛ぶが、『其中日記』の一九三七（昭和十二）年三月二十一日は、たったの一行。

　酒、酒、酒、歩く、歩く、歩く。

いいですすねえ。気合いが違いますよ。

おれの女房はくたばった、おれは自由だ！
これでいよいよ飲み放題というものだ。
文《もん》なしで帰って来ると、
奴《やつ》の叫び声が骨身にしみたが。

シャルル・ボードレール

『悪の華』堀口大學訳（新潮文庫）所収「人殺しの酒」より

シャルル＝ピエール・ボードレール　十九世紀フランスの詩人。一八二一〜一八六七年。詩と散文作品を通じて、象徴主義の先駆者となり、後のランボー、マラルメなどに影響を残した。『悪の華』は、ボードレール三十六歳のときに出版された。

『悪の華』所収の「人殺しの酒」の冒頭だ。

女房が死んで、もう文句を言う人もいなくなったので、飲み放題だぜ、俺は。というインパクトの強い書き出しの詩です。ボードレールの酒がらみの言葉として、ネット検索などしてもたびたび目にする一節なのですが、口うるさい女房がいなくなって気兼ねせずに飲みたいだけ飲めるよという気楽な詩ではない。

女房に惚れぬいた酒飲みの錯乱の末の叫びと言える文言で、略年譜を見るかぎり、ボードレールが女房を殺したということは出てこないから、ご自身のことではないようです。詩の末尾では、今宵は死ぬほど酔いつぶれ、地べたにごろりと寝転んで、貨物車の車輪に頭を潰されてもかまわぬ、と絶叫する。

すばらしい訳文で読むから感激してしまうのかもしれませんが、酒で狂乱状態に陥る男がけっしてみすぼらしくは見えない。正気の尽き果てる一線で青白く鮮烈に飛び散る光が見えるような気がします。それは、酔いの限界ともいえそうですが、昨今の巷を見渡せば、酔いの限界とは、居眠りとか吐き気とか、もう少し穏当なものであることが多いようです。まあ、それは、それで、たいへん結構なことでもありましょう。

ときに、同じ『悪の華』の「人殺しの酒」のひとつ前には「屑屋《くずや》さん達の酒」という一篇も収められています。パリの酒場で安酒飲んで泥酔し、大言壮語する輩を見つめる詩だ。巨大なパリが吐き出す嘔吐《へど》のような屑物をに押しつぶされる人々をこんなふうに描く。

今しも家路に帰るのだ、酒臭い息吐きながら、
生活戦に疲れ果て、髪は真白、
口ひげは古びた国旗だらしなく下がった仲間と連立って。
朦朧《もうろう》とした酔眼の彼らの前に、幟《のぼり》や花輪、

次の連の後半では〈音と光の大乱痴気の饗宴の真《ま》っ只中《ただなか》で／連中は、恋に酔う民衆に、光栄をもたらして行く！〉と畳みかける。大都会の煌《きらめ》く部分と影の部分と。今の東京はどうだろう。ボードレールのパリよりさらに浮薄な羨望ばかり明滅しているのではないだろうか？

酒を飲みながら詩を読むと、考えも言葉も大仰になっていけませんが、そんなことも思わせるこの詩の末尾は、四行そのまま引用しましょう。

諦《あきら》めて死んで行く呪《のろ》われた老いぼれの連中の

せめて怨《うら》みを和らげてやり、腑甲斐《ふがい》ない一生を宥《なだ》めようとて、

「神」も哀れと気づいたか、睡眠《ねむり》を作り給《たも》うたが、

「人間」がそれに加えた、太陽の聖なる一子、「酒」というもの！


これらの言葉に触れると、懐疑や嫌悪、不信と不寛容などより、むしろ無垢な熱情を感じ取ることができるかと思いますが、一方でボードレールは、こんな言葉も残しているらしい。

恋人は一瓶のワインであり、女房はワインの瓶である

ひでえことを言いますな。

恋が済んで女房にしちまったら、それはもう、空き瓶って、意味なんでしょう？ということはつまり、女房というものは、中身がない。

ずいぶんだよ、シャルルの旦那。それじゃ、あんまりだよ。

でもねえ、女房が空瓶なら、旦那は干涸びたコルク栓みたいなものでしょ。おあいこだね。

ただ放心状態で飲んでいる。その状態がいちばん疲れなくて、それには一人がいちばんいい。そしてほろっとして、あと黙々と寝入ってしまえば目的は達せられるので、酒でもビールでもウイスキーでも、何ならショーチューでもちっともかまわない。

山田風太郎

『風山房風呂焚き唄』（ちくま文庫）所収「ひとり酒」より

山田風太郎（やまだ・ふうたろう）　一九二二〜二〇〇一年生まれ。『甲賀忍法帖』『くノ一忍法帖』などの忍法帖もので流行作家に。第二次大戦時の経験を記した日記文学や、多彩なエッセイなどで多くのファンをもった。晩年のエッセイ集『あと千回の晩飯』（角川文庫）も軽妙洒脱、酒飲みには嬉しい一冊。

作家は毎夕、晩酌を楽しんだ。「ひとり酒」冒頭には、こうある。

例によって、夕五時半から食堂の隣りの十畳のまんなかにぽつねんと坐って、冬枯れの庭を見ながら酒を飲む。

人生において環境はさまざまに変わるが、夕方から自宅で飲むのは〈百年一日のごとく変らない。〉のだそうで、では、この毎夕の習慣において、何を考えているか、何を飲んでいるか。それにについて記したのが、前頁の名言なのである。〈へそ曲がりというのか、かなりのレベルの変わり者というのか。酒をウマイとも思わないし、愉しいわけでもないという。いわく、〈可笑しくも悲しくもない気持で飲んでいる〉。

目的が達せられるならビールでもウイスキーでも云々とあるが、では目的とは何かということになると、文章にあるとおり、〈黙々と寝入ってしまえば〉いいということ。つまり、夕方五時半からいそいそと、眠る準備を始めているのである。

晩酌の光景は、『あと千回の晩飯』（角川文庫）では、こんなふうに書かれている。

夕方、ウイスキーのオンザロックを、ボトル三分の一ほど、二時間くらいかけて飲む。それから（中略）、一睡して夜半に目覚め、朝まで起きている。そしてまた眠って昼ごろ起きる。

これをずっと、日課としていた。何をつまみとしたか。エッセイによれば、〈肉や魚やチーズなど、いわゆるごちそうと呼ばれるものをならべるのが好き〉だったそうで、献立も開陳されているのだが、某夕は、〈鰻のカバ焼、チーズの牛肉巻き、油揚げの厚揚げ、蓮根の油いため〉、翌日の夕方は〈牛さしのサラダ菜包み、合鴨のロースト、えのき茸のうす切り豚巻き、チーズ、餅、芝えびの空揚げ春巻き包み、パンプキンのポタージュ〉というから、なるほどごちそうである。

これだけ読むと、いわゆる大食漢の大酒飲みだったのかと想像するわけだが、山田風太郎という人の風貌は、いわば、がりがりに痩せているのであって、人生の楽しみは食にあり、なんて感じの人ではまったくない。

事実、食は普通の男の三分の一くらい、つまりは少食であると書いていて、笑ってしまう。ごちそうを並べて飲む。ひとり、淡々と飲む。そして酔う。酔えば、眠り、夜半に起きる。おそらくそこから執筆をされたのだと思うけれども、問題は夜明けが来て、さあ寝ようというとき――。眠れないのだ。

そこで一計を案じた風太郎先生。〈で、朝も酒を飲んでみた。果たせるかな、いとも安らかに眠りに入れる。〉のである。

同書の「アル中ハイマー」と題する短文の冒頭を紹介しよう。

日いまだのぼらず、星なお凍る多摩丘陵の春暁、（中略）梅干し二個を菜に、大ぶりのコップになみなみと満たした琥珀《こはく》の般若湯《はんにやとう》を傾ける。あたかも孤高の山僧と化したココチがする。

こういう毎日を続けた作家は、実は医大を卒業している。しかし、医師として仕事はしておらず、それはおろか、戦後五十年、定期健診を受けたこともなく、朝晩飲んで、夜はごちそうを並べ、タバコは尻から煙が出るくらい吸って、七十九歳になる二〇〇一年に亡くなっている。酒がよほど身体に合ったのだろう。

これほど軽やかで、一種爽快な飲兵衛さんには、言葉の上とはいえ、なかなかお会いできるものではない。飄々というのは、こういう態度を指すのか。いや、態度とか姿勢というより、言ってみれば無我の境地。酒も健康も語らずただ飲むのみ、である。

二日酔いについて、くどくど語ることはやめよう。それは諸君がよく経験し、熟知していることだからだ。

田村隆一

開高健監修『アンソロジー洋酒天国2』（サントリー）所収「さらば二日酔い！」より

田村隆一（たむら・りゅういち）　一九二三〜一九九八年。詩人。戦後、詩誌「荒地」を創刊。高村光太郎賞、読売文学賞受賞。アガサ・クリスティーなどのミステリの翻訳でも知られる。

無類の酒飲みであった。と、いろいろなところで書かれているし、ご自身のエッセイを読んでもわかる。なんでも、朝からステーキとワインで、午前中に仕事を始める頃からウイスキータイムに突入し、晩酌は日本酒。夜になってさすがに米粒を腹に入れておきたいと茶漬けを所望し、さらさらと掻き込んでいたかと思うと盛大に噴く。そんな晩年であったと、何かで読んだ記憶がある。

すばらしくたくさん飲んだのに長命であり、晩年まで酒を楽しんだ人の中には、この詩人のほかにも、肉好きが多いような気がする。高たんぱくの食事は、アルコールに耐える持久力をもたらすものか。

それだけではない。長く飲んだ人は、飲み方を心得た人、なのである。

先の言葉に続いて詩人はこうも言っているのだ。

かくいうわたしも、この戦後十五年というものは、カストリからはじまる連続的な二日酔いを経験したものである。

研鑽の結果としての二日酔い予防策は、具体的で、初心者にも実践が容易である。いわく、飲む前にチーズバーグとかバターたっぷりのトーストなどを腹に入れるといい。ハイ・カロリーであることに加えて、こうした食物が強い自信を与えると詩人は言う。また、酒は陽気にやらねばならぬ、陰にこもるのがいちばんの二日酔いの敵。

飲み方にもコツがある。いわく、一杯のウイスキーを飲んだら、そのあと、一杯の水を飲め。酒の途中に水を挟めというのはよく聞くところですが、詩人もまた、その効用を説いているのだ。

しかしながら、それら細心の注意を払っても、二日酔いを完全に避けることはできない。その場合には、しかるべき治療法を実践すべきなのであるが、詩人はその手法をこう語る。

> 迎え酒は禁じます。それがそもそも三日酔い、七日酔い、やがては十五年酔いのもとになるからです。

はははは。十五年酔いしているのは詩人自身でありましょう。ということはつまり、詩人は迎え酒に走り、それを続けてきたということにほかならない。だからこの一節はアドバイスというより体験談なのである。

それはさておき、詩人の二日酔い撃退法を続けると、最低二十四時間、できれば四十八時間はドライにせよ、つまり酒を抜けということだ。そして、おいしい空気を吸う。酸素吸入器があると効果絶大というから、これも実体験済みだろうし、さらには、ブドウ糖にビタミンB_1の静脈注射がいいとなると、これはもう点滴のお話ですな。

こうして眺め渡せば、酒の道もなかなかに険しいことがわかります。さらに言えば、『言葉なんかおぼえるんじゃなかった』（田村隆一（語り）・長薗安浩（文）、ちくま文庫）の中で詩人は、酒に対して礼儀正しくあれと説く。では、マナーをよくするにはどうしたらいいのか。


（前略）宿酔《ふつかよ》いでもがいたり転んで怪我もしてきたけれど、酒を愛することに、後悔したことはない。

あなたも、愛する人と言葉をかわすように、酒とつきあってください。そうすりゃ、嫌でもマナーは良くなるんです。

愛する人の前では、そうそう、無礼はできない。そうだろう。


すごいですねえ。愛する人と言葉をかわすように酒と付き合う……か。境地ですよ、ここは。十五年酔いをした人でなければ到達できない、酒の境地です。

ただ酔えばいい。それも酒だし、何事か心を通わせるようにして味わう。それも酒だ。ああ、今日はいい酒だな、と思える。そんな酒が理想の酒、ということになるのだろうか。詩人の言葉、味わい深いですな。

良酒あらば飲むべし
友来らば飲むべし
のど、渇きたらば飲むべし
もしくは、渇くおそれあらば飲むべし
もしくは、いかなる理由ありといえども飲むべし

ヘンリー・オールドリッチ

田村隆一『ボトルの方へ　酒神讃歌』（河出文庫）

ヘンリー・オールドリッチ　一六四七〜一七一〇年。イギリスの神学者、哲学者、作曲家。オックスフォード大学クライスト・チャーチ学寮長。

十七世紀の神学者にして哲学者。それから作曲家でもあったとか。

さらには、世界の名門の学寮長でもあった偉い博士が残した言葉です。訳は詩人の田村隆一であります。

飲酒の理由を五つばかり示しているわけで、一見して、重厚、何事か意味深いことを言っているようですが、よくよく考えるまでもなく、酒飲みならみんなが思っていることではないでしょうかね。

これ、試しに、酒を飲む理由ではなくて、水や茶を飲む理由として読んでみると、意外なことに、何もおかしなところがない。友達が来たら茶くらい出す。手元不如意につき茶も出せぬという極貧に喘《あえ》ぐ状況であったとしても、まあ、水は出しますわね。渇けば飲むし、渇きそうなときに飲んだっておかしくない。つまり、理由など不要。逆に言えばいかなる理由があってもなくても、まあ、水とか茶とかは、飲んでおけばよろし、という話になる。

ここで、ハッと気づくわけですな。実は、深いことを言っていることに、ハッと気づく。何が言いたいか、つまり、こういうことです。

博士が言うのは、あるなら飲もう、友人が来たら飲もう、酒が飲みたいときはもとより、飲みたくなりそうなときにも飲んでしまおう、いやいや、酒飲みたる者、いかなる理由においても、酒は飲んでしまおうではないか！　ということ。

酔っ払いの言説は酔うほどに論理も何もなく、甚《はなは》だいい加減になって、それでも勢いだけはついていくものだから、同好の士たちからは「そうだそうだ」と賛同の声も上がる。そういう生きのいい感じ、半分以上はヨタに近い感じがこの言葉には確かにある。酔っ払い独特の他愛なさが滲む。

それを、天下の名門オックスフォード大の偉い先生、しかも十七世紀に生きた大先生が宣《のたま》っていることに加え、この戯言《ざれごと》に近いものが後生大事に受け継がれていくうちに金言となって、時代ははや二十一世紀、日本じゃ平成の世も終わるのです。

これは、すごいね。不思議なことですよ。ひょっとしたら、酒の一滴は血の一滴なんてもの、実はケンブリッジ大学の誰それの残した言葉なのかもしれない、と思わせるくらいのものだ。それくらいに、酔っ払いを元気づける、いい言葉なのだ。

しかし、それは違う。違うのだ。

日夜酔うばかりで言葉つきもハッキリしないが、我ら酔っ払いは意外にも敏感な生き物だ。そんな、繊細な心を失わぬ酔漢は、ハッと、気づいているのです。何に気づいているか？

水を飲むのに理由は要らぬ。同様にして、酒を飲むのに理由は要らぬ。人はなぜ酒を飲むのか、なんてことを考える必要はまったくありませんよ、ということ。それを言わんとしたのが、この箴言というか、金言なのです。

神とは何か、生きるとは何か。そういうことはカンケーないねと、神学者であり哲学者である偉大なる博士は言うのだ。

人は生きてりゃ水を飲む。神も、生きる意味も考えずに飲む。学生たちよ、それはたいへん自然なことなんだよ。ならば諸君、酒も同じではなかろうか？　飲んだら勉強時間を無駄にするとか、飲んだら明日が台無しになるとか、考えたってダメだ。その暇に飲め。水のように、飲むのだ。ワケもなく飲むのが、酒だ——。

いいねえ、さすがオックスフォード！　ぜひとも学寮で一献やりたいが、さて、水のように飲みまくった後の筆者のようなオジサンに、門を開けてくれるだろうか。

（前略）死人のそれか、蛙の腹のように見える指で茶碗をつまみ、スプリングのとびだした回転椅子にぐったりのびて、一滴ずつすする。（中略）やがて一滴、一滴が暗い胃や腸のどこかで炸け、血がうごきはじめる。熱いさざなみが一波また一波とうごいてじわじわと体を浸していくのを感じながら、崩れていくものと起きあがってくるものの気配を茫然と眺めてすごした。

開高健

『ロマネ・コンティ・一九三五年』（文藝春秋）所収「黄昏の力」より

開高健（かいこう・たけし）　一九三〇〜一九八九年。小説家。戦地に取材し、世界の川や湖に遊び、小説、ノンフィクション、エッセイと旺盛に執筆した。若き日は壽屋（現サントリー）のコピーライターでもあった。

酒好きとしてもかなり有名であったし、酒そのものを克明に描こうとしたこの作家のことを知る人は多いことでしょう。遠慮ない饒舌に博識をのせて浴びせてくるような言葉の数々は、読者を楽しい酒宴に巻き込む魅力をもっていたし、筆者などもたびたびその宴に招かれて、茫然としていたものです。

言葉を尽くした例としては、先の言葉と同じ本の中の短編「ロマネ・コンティ・一九三五年」で作家は、一杯のワインをこんなふうに書いている。

小説家は耳を澄ませながら深紅に輝く、若い酒の暗部に見とれたり、一口、二口すすって嚙んだりした。いい酒だ。よく成熟している。肌理《きめ》がこまかく、すべすべしていて、くちびるや舌に羽毛のように乗ってくれる。ころがしても、漉《こ》しても、砕いても、崩れるところがない。（中略）円熟しているのに清淡で爽やかである。つつましやかに微笑しつつ、ときどきそれと気づかずに奔放さを閃めかすようでもある。

テイスティング用語とは相容れないような主観的な表現だが、それらは、しっかりした観察に根拠をもっていて、説得力に富む。酒の香味を捉えることが、自らを語ることでもあることを、思い知らされる。そういう意味では、冒頭の言葉もまた、酒を語るようでいて、自身を語っているのだ。

この文章は、短編「黄昏の力」の冒頭の一節で、作者は、若き日の黄昏時の酒を思い返している。洋酒会社の広告文案家だった著者は毎夕、仕事場の湯呑み茶碗にウイスキーを注いでちびりちびりと舐めにかかる。強い酒が舌を焼き、喉を通って胃袋に落ち、しばらく後に、疲れた男の身体の中の、何かを動かし始める。

筆者（ワタクシ）はこの小説を三十年以上前に読んでいるが、若い頃、この一節に特別な注意を払わなかった。それが今になって、目にとまる。〈崩れていくものと起きあがってくるものの気配を茫然と眺めてすごした〉のは、小説家の若き日だけでない。現在の筆者の、某日の黄昏時と酷似していたりもするのだ。

酒を語るというと、とかく理屈っぽくなりがちだが、酒そのものや、じわりと酒に動かされる自身をよく観察してみるならば、語りは、意外なほどに、静かで穏やかなものになる。声音もやさしく、荒れた心持ちにはほど遠い。

一方でこの作家は、若き日のルポルタージュ「ずばり東京」では、大阪の名門おでん屋の主を、関西弁で描写した。

たこ梅のおっさんがいうところによると、東京のおでんは（中略）ど辛いばっかりで食えたもんやないそうな。酒の味にあわしてつくるということを知らんという。昆布《こぶ》だしやカツオだしであわせることを知らない。淡味ショウユのでりけええとな味もわからん。田舎者の集りばかりで、ロクなもんも食うとらんからあんなもんが売れるんやろといいよる。（『開高健全ノンフィクションⅢ　路上にて』文藝春秋）

事の真偽はさておき、愛した店の主人を「おっさん」と書きながら、おでん鍋の湯気を挟んで対峙したふたりの会話の、なんとも言えぬあったかさを伝える。酒の味もおでんの味も、ひと言も触れられていないけれど、これは酒場の描写として出色だ。

釣り好きだった小説家は、酒のうまさを、たったひと言で表したこともある。『河は眠らない』という映像作品でのひとコマだったと記憶する。河原か湖畔で、ウイスキーをボトルから直にぐびりとやって、たしか、こう言った。

Nice! Nice to drink!

これぞ名言かな。なにしろ、痛快。とにかく、愉快。

舌に何も残らない。ダメだ、こんなコクがない酒は!

なぎら健壱

『酒《しゅ》にまじわれば』(文藝春秋)

なぎら健壱(なぎら・けんいち)　フォークシンガー。一九五二年〜。ミュージシャンとしての活動のほかに、俳優、エッセイスト、写真家、タレントとして幅広く活躍。酒場エッセイの先駆的存在で、酒豪。

酒と酒場にからむエッセイやルポはあまたあるが、先駆的な一冊は、『東京酒場漂流記』（ちくま文庫）ではないだろうか。CBSソニー出版から刊行されたのが一九八三年。三十六年も前のことです。しかも著者が描いてみせたのは、酒場の風景と酔っ払いたちの姿が中心。うんちく話でもガイドでもないし、単に外野として眺めているわけでもない。その場に溶け込み、目になり、耳になり、一緒に笑い、怒る。そういう仲間の目で酒場を見ている。だから、いま、読んでも、新鮮だし、同時に懐かしい。三十六年前といえば筆者は二十歳。こういう空気の中に身を置いた最初の頃で、東京のもつ焼き屋の店頭の換気扇から噴き出していた煙に混じる酒精と脂の匂いに、むせ返っていた時期である。

前置きが長すぎた。名著で「酒場もの」というジャンルを確立した先駆者は、二〇〇八年に文藝春秋から、朝日新聞で連載したコラムをまとめた一冊を上梓した。それが『酒にまじわれば』。酒に交われば酒臭くなるわな。などと思いながらページを繰ると、まあ、酒臭くも心温まるエピソードがちりばめられていて、実に楽しい。

で、先のセリフだが、これは酒屋の前の自販機で毎日カップ酒を飲むという素敵なおじさんの話だ。ある日、その店で、著者であるなぎらさんと酒屋の主人が利き酒をしていた。純米吟醸のいい酒が入ったから、昼から試しに飲んでみようという、ぜいたくな時間を過ごしていたのだ。

そこへ、毎日カップ酒おじさんがやってきた。そういうおじさんがいることは、主人から聞いている。なるほど、この人か、と思って眺めていると、主人はおじさんに、自分たちが利いていた酒をすすめたのである。

おじさんは、その酒を一気にあおった。

「どうだい、これが美味い酒っていうものだよ」

店主の言葉におじさんは、首をひねる。店主は「いつも飲んでいる酒は、混ぜ物がしてあるんだよ。こうした酒が本物の酒だよ」と、言葉をつなぐ。するとおじさんはスバリ、
先の名言を吐くのである。この後、おじさんの発言の真意に気づくところが、この小話のオチだが、それはみなさん、原著にあたってください。いい話です。筆者などは共感してしまうような話です。

なぎら健壱さんといえば、筆者を、「酒呑み」ならぬ「酒呑まれ」と命名してくださった恩人でありますが、実は、我々が仲間とつくった『酒とつまみ』という雑誌の

ことも、たいへん応援してくださっている。ゲストで来ていただいたり、神保町ブックフェスのワゴンセールを覗きにきてくださったり、古くは「タモリ倶楽部」出演時にも目をかけていただいた。さらに言えば、実はなぎらさん、「酒とつまみ」を私と一緒に創刊し、その後編集発行人となったW君が代表の「酒とつまみ社」の、社歌を作詞作曲しているのです。冒頭の一行は、こうです。

酒の海から朝日が昇る

すごい。デロデロに酔った挙句の朝帰り、見上げた空に朝日が昇る、その荘厳なまでの美しさよ。すごいぞ。これは、アタシの朝だ、と、歌詞を知らされたとき、筆者は感涙にむせぶという状態になったのです。

そして、この歌の収録の日。スタジオでお会いしたなぎらさんは筆者に最近どうですかと声をかけてくれた。それに対して筆者は、

「五十も過ぎたってのに、最近、余計に酒が長くなっていまして……」

と言いよどんだところで、なぎらさん、筆者の顔をじっとみて、一秒ほどの無言ののちにひと言。

「そういうもんですよ」

染みたねえ。気を付けろ、なんて言わないんだ。いいですよね。世の酒飲み諸兄姉、「そういうもんですよ」って、ねえ、なかなか、言えるもんじゃございません！

このような店で酒飲みがこの作法を無視することは、お酌してくれる相手方のみすぼらしい心意気を鼻で笑うも同然である。

井伏鱒二

『川釣り』（岩波文庫）所収「掛け持ち」より

井伏鱒二（いぶせ・ますじ）　一八九八〜一九九三年。小説家。『山椒魚』等で文壇に登場。『ジョン万次郎漂流記』『本日休診』『黒い雨』など多くの名作がある。無類の釣り好きでもあり、随想を遺している。

表題どおり、川釣りに関する作品だけを収めた一冊には、随想、感想、紀行文などが集められているが、戦前のことを材料にして、小説化した作品も含めた。それが、「掛け持ち」という一篇で、この一節もそこから引いた。

甲州の湯宿では、番頭とはいいながら布団運びや客の背中を流したりしている喜十さん。作者はよくこの宿を使うので顔なじみであるが、仲居頭などにもきついもの言いをされている喜十さんは、ただ大人しいばかりの実直な番頭さんである。

しかしながら、真夏と、冬季には客足が減る。つまり、忙しくないから、その時期、人手が余る。その間、お役御免となるわけだが、喜十さんには帰る里もない。しかし、困らないのだ。彼は、真夏と冬の時期、実は伊豆の谷津温泉の湯宿で番頭をしているのである。

しかも、喜十さんと呼ばれている甲州の宿とは違って、谷津の東洋亭という宿では内田さんと苗字で呼ばれ、女将さんの扱いもいいし、女中たちにとっては、たいした管理者なのでもある。客の背中を流したりせず、帳場に座っていてもいいし、タバコを吸いながら廊下を歩いていてもいい。なんなら、直ぐ近くの河津川に鮎釣りに行っても構わない。着ているものも立派で、一見紳士、けっこうなお立場なのである。

喜十さんは、この掛け持ち生活を長く続けている。昼から鮎釣りに出て、宿へ帰る

と、行きつけにしている飲み屋へふらりと入る。酌婦のいる、一杯飲み屋だ。そこで、喜十さんは、なんと、

「酒だ。いや電気ブランをくれ。」といった。

戦前の話と思われるが、谷津といえば、伊豆半島も南のほう。そこまで電気ブランが行き届いていたというのが、ひとつ驚きで、それを、酌婦が注いでくれるというのが、また、どこか新鮮である。

酌婦は、皿とコップをふたつずつ持ってくる。

「盛りこぼし。」と呟きながら電気ブランという液体をコップに溢れさした。

「もっきり」というスタイルだ。語源は「もりきり」ということらしいが、現在もよく見かける。コップを皿や升から取り出して中身を飲み、空いたところへ皿や升にこぼした分を足して飲む。こぼす分がサービス、といった趣があるが、これを著者は作法と呼んで、冒頭の文章につながるのだ。

著者はこのサービスを、「みすぼらしい心意気」とし、それを無視しちゃ、この手の店ではかえって野暮ですよ、と書いている。そして、続けて、この一文を添える。

喜十さんは作法通り飲んだ上、わざと下司《げす》に二つ三つ舌鼓を打ってみせた。これは一種の礼儀である。

なるほど、そういうものだったのか。筆者自身の昔を振り返っても、たしか「もっきり」に最初に出会ったのはカウンターのみのもつ焼き屋であり、酒（私の場合は清酒でなく焼酎だったが）は一升瓶から直にコップへ注がれ、最後に、受け皿へと溢れさせるという具合だった。けれど私などはそれをありがたいと思ったし、出すほうだって卑下していたわけではない。だからここに「みすぼらしい」という言葉は介在しようもないのだが、これもまた、ある時代を映す言葉であると思えば興味深い。

これはあくまで個人的な見解ですが、もっきりよりも、一合しっかり入るくらいの蕎麦猪口風のぐい呑みにたっぷり注いでもらったらそれで十分である。

それはともかく、電気ブランのもっきりスタイル、どこかで試してみたいものである。

「ただ金のあるにまかせて、色男ぶって、芸者を泣かせて、やにさがっていたのではない！」

『ヴィヨンの妻』（新潮文庫）所収「親友交歓」より

太宰治

太宰治（だざい・おさむ）小説家。一九〇九〜一九四八年。戦前から戦後にかけて多くの作品を発表。坂口安吾、織田作之助、石川淳らとともに無頼派と称された。主な作品に『走れメロス』『津軽』『お伽草紙』『人間失格』『斜陽』がある。

「親友交歓」というのは、文庫本で二十五ページほどの短編だが、なかなかに癖があり、それがゆえに読み応えのある作品である。戦後、罹災して故郷へ帰った著者は、小学校の同級生であったという武骨一辺倒の農夫の訪問を受ける。

気がやさしいというか気の弱い著者は、この男を家に上げてしまうのだが、この男、クラス会をしようなどと、可愛いことを言う。その一方で、酒が二斗は要るからそのときは金のほうをよろしくなどと、とんでもない要求をする。

そこで著者はすぐに手持ちの金を用意するのだが、なに、今日は要らない。それより酒を出せと、また無体なことを言う。挙句に女房に酌をさせよと、ごねる。

そしてとうとう、ウイスキーの角瓶の残りを飲まれてしまう。

農夫はもっと出せと言う。棚には秘蔵のウイスキーがある。大散財をして一ダース手に入れたもののうちの、最後の二本。そのうちの一本を出すと、農夫はいよいよ止まらなくなる。これほどの酔っ払いは見たくもないし、その言葉を聞きたくもないと、相当な酔っ払いを知っている人、あるいは、私もそうであるかもしれないと自負している人でも思うほどに、農夫の酔いはひどい。

著者のことをどう誤解するのか、妬むのか、底知れない。自分もさんざん東京では鳴らしたものだが、お前なぞも（と著者に言う）どこぞの芸者とよろしくやって大いにしくじったのだろうと決めてかかる。
これに対して、さすがの著者もキレるのである。

(前略) 私は東京に於いて、彼の推量の如くそんな、芸者を泣かせたりして遊んだ覚えは一度だって無い。おもに屋台のヤキトリ屋で、泡盛《あわもり》や焼酎を飲み、管《くだ》を巻いていたのである。私は東京に於いて、彼の所謂「女で大しくじり」をして、それも一度や二度でない、たび重なる大しくじりばかりして、親兄弟の肩身をせまくさせたけれども、しかし、せめて、これだけは言えると思う、

この後が、冒頭の叫びである。
いいですねえ。焼酎飲んで管を巻いたが芸者泣かせてやにさがっちゃいねえんだ！
いいですよ、このタンカ。
小説の冒頭の一行も引用しておきましょう。

昭和二十一年の九月のはじめに、私は、或る男の訪問を受けた。

終戦からわずか一年後のことなのである。滑稽で哀しくて、これぞ真実の姿ではないかな、などと、ちょっと大げさなことも考えてしまう。

甚だ唐突ですが、筆者はここで、大相撲解説でおなじみの、かつての横綱、北の富士勝昭さんのひと言を思い出す。二〇一八（平成三十）年、どこ場所であったか忘れたが、解説の合間に、名横綱大鵬との思い出を語ったことがある。詳しくは覚えていないが、たぶん、こんな感じだった。大鵬関には敵いませんでしたよ、という話の流れだったと思う。けれど、五番か六番くらいは勝った。いい相撲もしていたのだ。という思いから、次のひと言が出たのです。

ただ、むざむざとやられていたわけではない。

少し笑いながらの、穏やかな口調だったが、これも一種のプロテストだ。大鵬・北の富士の一番を覚えている人が今、どれだけいるかわからない。その人たちに向けて、北の富士さんは言ったのである。テレビ中継でこれを聞いた私は妙に嬉しくなって、すっと立ち上がると冷蔵庫へ急ぎ、一本の冷えたビールを取り出した。

例によって献酬がはじまる。

「お流れをいただきます」

ピタリと前に坐って動かない。ご老人だから、厭とは言いにくい。

しかし、なにしろ、多勢に無勢である。私は、のびてしまった。

以後、自分のことを大酒家などと言ってはならぬと心にきめた。

山口瞳

『酒呑みの自己弁護』（ちくま文庫）所収「お流れ頂戴」より

山口瞳（やまぐち・ひとみ）小説家。一九二六〜一九九五年。「江分利満氏の優雅な生活」で直木賞、『血族』で菊池寛賞を受賞。『週刊新潮』連載のエッセイ「男性自身」は一九六三年から没年まで一度も休載もなく継続された。

『週刊新潮』連載の「男性自身」は、辛口のコラムであったり、抒情的エッセイだったり、短編小説であったり、日記であったりしながら、千六百十四回に及んだ。週刊誌で毎回二ページ。短いようでいて、書いてみると決して短くない分量を、著者は自在に使い分けたように思われる。親交の深かった作家が亡くなった後などは、週刊誌連載であるにもかかわらず、二回、四回、八回と、続けることもあった。

個人の趣味を書きながら巧みに世相を反映させるなど、いかにも小説家のコラムであって、読み応えは十分すぎるほどだった。「酒飲みの夜と朝」という一篇では、酒飲みは意外に早起きであり、朝は腹が渋りがちで、自分の場合は三度か四度、行かねばならぬ場所があると告白する。

三度そこへ行くときは、昨夜の店を三軒思いだすというかたちになる。最初の小料理屋で日本酒、つぎにバーでウイスキー、三軒目がジンのオン・ザ・ロックスにレモンの厚切りだったたな。そこで食べたものが、その順序で出てくるわけではないが、昨夜の行動をなぞっているような、なんとも悲しい気持になってくる。このかなしさは酒飲みでないとわからないだろう。こんな妙なかなしさを知る必要はない。

さらりと書いているが、身につまされる人も少なくないのではないか。この一説だけでも、酒飲みの真実をえぐってしまっている。

『酒呑みの自己弁護』は、こうした酒にまつわるコラムばかりを集めた貴重な一冊。もとは夕刊紙に連載された。冒頭の一節の表題は「お流れ頂戴」。

大酒呑みであると言われるが、果たしてそうであるか。著者はそう自問する。東北の街で講演会に出て、そのあとの宴に招かれたときのこと。長老たちに囲まれるようにして、おそらく著者は上座に鎮座していたはずだ。

冒頭の言葉は、それに続くものであるが、お流れ頂戴というのは、ちょっと説明が要るかもしれない。

筆者の話をするならば、こういうことがあった。能登半島でのことである。酒にまつわるトーク会に出させていただいたのだが、会の途中から、お流れ頂戴、が始まった。私は若輩ながら客人であるから、年配の方がやってきて坐り、まず、私から一杯を注ぐ。たちまちにしてその方はそれを飲み干し、お返しとして、私に一杯を注ぐ。

一人済むと、次の人が同じことをする。三人目くらいのときにハッとした。私の前には列ができているのである。しかも、手にした器は盃ではなく、ぐい飲みに近い。

これではあっという間に三合、五合という酒が胃袋に流れ込む。どれくらい飲めるか、というよりは、どれくらいの時間、持ちこたえることができるか。懸念されるのはそこであった。

恐るべし、お流れ頂戴。イッキ、イッキ！　などという掛け声はない。

「へ、どうも、あの、頂戴します、ぐびぐびぐび。ふっ、ではご返杯を」

てなことをぶつぶつ言うだけのお父さんたちが次々やってくる。静かだか、激しいもてなしなのである。

で、話は戻るけれども、さすがの山口先生も、このお流れ頂戴の前に屈したのである。若い頃には気づかなくても、歳をとってから読むと、妙に味わいのある一節である。

オレはなぁ、駕籠《かご》かきなんでぃ！
だから、どんなに酔っていたって、
オマエを送る!!

三鷹のタクシー運転手さん

運転手さんの名言第三弾です。これは、筆者の地元の人、というより、筆者の同級生のお父さんだ。

筆者の家は父母が団地に入居してからの三鷹市民ですが、当然、もっと長く地元で暮らしているご家庭も多い。そういう家では、筆者などの子供の世代だけでなく、親の世代も若い頃からの友人とか知り合いであったりするわけで、そういう家同士の行き来もある。当然、子供たちの行き来もある。

そうした一軒で、まだあまり飲めない酒を飲んだときのことだ。その家のお父さんお母さんは、せがれの同級生が集まると嬉しい。とにかく飯を喰いに来なさいと声をかけては、一緒に飲む。せがれ本人が不在なのに、かつての同級生が三人、その両親と一緒に飯を喰い、酒を飲んでいたこともある。

そこには、大人たちがやってくることもあった。お父さんの仕事関係の人はちょいちょい顔を見せていたし、筆者たちの中学時代の先生も、やってきた。若手教師は赴任した学校の近くに部屋を借りて住むということが、まだ、当たり前にあった時代だ。先生たちも、プライベートの生活を見られることを厭わなかったし、親たちは若い独身の先生に飯を喰わせることを意気に感じていたようなところがある。

その日は、少しばかり長い酒になった。この家の夫婦に加えて、独身教師、それから、運転手さんが来ていた。筆者ら、子供の世代——といっても、二十歳すぎの男たちだが——が三人ほどだったか。

何をしゃべったか、まったく記憶にないのだが、運転手さんが酔い始めた。この人は小学校の同級生だった女の子のお父さんである。

小柄で痩身、短髪で、眼光が鋭い。ちょっと見では、声をかけづらい。けれど、笑うととてもやさしそうな表情になって、ふたりの娘さんの話になると、口では悪く言いながらも、可愛くて仕方がないのだ、という気持ちが伝わってきた。もし、この家のふたりの女の子のどちらかと付き合うようなことになったら、よほど気合を入れてご挨拶に出向かないと、いけない。間違っても、後になってから、そういうことですのでよろしく、という報告は受け付けてもらえない。そんな気がしながら、昔、二、三度上げてもらったことのある家の玄関や二階の部屋の雰囲気など思い出していた。

先生が、そろそろ、失礼しようかと切り出した。そこで、眼光鋭いお父さんがスッと立ち上がる。いや、実際には、かなり足にきていて、スッとは立ち上がれないのだが、先生を家まで送る、と言う。

「いやいや、私はすぐそこ、歩いてすぐですから」

先生はそう言い残して、辞去する。では私らも帰ろうかということになったわけだが、お父さんはふらふらなのに、再び、送っていくと言ってきかない。

しばらくの押し問答をするうちに、その家の娘（筆者らの同級生の女の子）が迎えに来た。父親の酒癖をよく知っていて、家もすぐそばだから、そろそろ潮時と見計って来たものと思われるが、父親のほうはそれでかえって意固地になった。

そこで出たのが、冒頭のひと言。どれほど酔っていたって、この青年たちを送り届けるのが、おいらの役割じゃねえか。お前、そんなこともわからねえのか！ 呂律《ろれつ》も怪しいから正確なところは不明であるが、そんなことも言ったような気がする。

運転は無理ですよ。いや、送る。だいたいまともに歩けないでしょ。いや、送る。警察につかまるよ。いや、送るといったら送る。警察がなんだ……。もう、べろべろ。気を利かせたこの家のお母さんが、じゃもう少し飲もうよ、ととりなして、もう一杯、ウイスキーのロックをつくって飲ませたら、運転手の父さん、ここが限界だった。

娘の肩にしがみつくようにして立ち、なんと言ったのかさっぱりわからぬ辞去の挨拶を述べて出て行った。

一緒に飲んでいた人がひとり帰り、またひとり帰る。それでは場がどんどん寂しくなるから、せめて「送る」とごねたお父さんの気持ち。その切なさは、あれから三十五年を経た今も、記憶にしっかりと残っている。

芹さんは、そんなことを一言も洩《も》らすような人ではなかったが、胸の中の深いところで、なにかを決意してしまったようなところがあり、私はそれを漠然《ばくぜん》と感じていて、しかし、男が深く深く決意してしまったようなことを翻意《ほんい》させる手だてがみつからず、ただただ眺《なが》めているきりだった。

色川武大

『色川武大』（ちくま日本文学）所収「男の花道」より

色川武大（いろかわ・たけひろ）　小説家。一九二九～一九八九年。若き日にギャンブルに身を投じて無頼の生活を送り、その後、編集者、雑誌記者を経て、阿佐田哲也の名でギャンブル小説の傑作『麻雀放浪記』を書く。本名で『怪しい来客簿』『百』『狂人日記』など純文学作品も多数残した。

芹さんというのは、将棋の芹沢博文九段のこと。若き日に天才と謳われ、棋士として活躍する傍らで、執筆、テレビ出演など、幅広く活動をした。テレビのバラエティー番組にレギュラー出演するなど、文化人タレントの走りでもあった。今の五十代半ばくらいより上の人たちなら、柔和な顔つきで、いつも笑顔の将棋の人として、多くの人の記憶に残っていることと思われる。

その芹沢さんは、一九八七年に亡くなっている。直前まで雑誌の対談などに出ていたから、急死に見えた。五十一歳と、若くもあった。

その芹沢さんを芹さんと呼んで親しくつきあっていたのが、七歳先輩の、色川武大である。冒頭の文章は、芹沢九段が亡くなった翌年に雑誌に発表された「男の花道」というエッセイからの抜粋だ。ここには、勝負師としての人生を歩んだ男同士が、口には出さないが互いにそれとわかる理解、共感が滲んでいる。

色川武大には、中学も卒業しないまま戦後の巷に身を投じ、博徒として暮らした時期がある。その経験と、将棋という勝負の世界で天才と言われた芹沢九段の生き方を重ねて、同じ文章の中でこう書いている。

もうあれは、個人能力だけが頼《たよ》りで、野の獣《けもの》のように自然で原則的な生き方でもあり、同時に世間の道徳など踏《ふ》みこえた、ロマンチシズムの極のような、最高の生き方なのだ。だから私は、今でも、理想の生き方は、ばくち打ち。それが持続できなかった自分を恥《は》じている。小説書きに成り下がった、というと人は不思議そうな顔をするが、本音なのである。

ばくち打ちから小説家に成り下がる、という視点は、色川武大以外には持ちえないものではないか。そして、色川は、そういう目で、将棋の棋士たちを見ていた。中でも際立って才のあった〝芹さん〟を敬愛していた。

テレビでも元気な姿を見せていた芹沢博文という人は、実はとびきりの酒飲みであり、ギャンブラーだった。競輪、麻雀、花札なんでもござれで、酒も浴びるように飲んだらしい。身体に影響のないはずもなく、四十代の頃には肝臓にきていたようだ。『男の花道』によれば、〈肝臓で三度吐血して、そのたびに生還している〉とある。

しかし、娘さんの結婚まで断酒をし、それに成功した後は、また、ギャンブルと酒と将棋と執筆、テレビ出演、講演、歌の吹き込みなどなど、休む暇がない。生き急ぐなどというレベルの話ではなく、何かを捨てにかかっているように見える。

だんだん、周囲との軋轢も生まれてくる。なんとか落ち着かせることができないか。

猫の首に鈴をつける役割を、色川も依頼される。しかし、こればかりは、難しいのだ。なにしろ、生き急いでいる。

そんな折り、どこかの和風旅館で、布団を並べて仰臥したときのこと。

「――なかなか、死ねないもンだねぇ」

不意に、そう呟《つぶ》いたことがある。

それからしばらく音沙汰のなかったのちの師走。〝芹さん〟を見送ることになる。いよいよいけないらしい、という知らせが来たときの、色川の思いはこう記されている。

哀《かな》しい、惜《お》しい、淋《さび》しい、いろいろな感情に先駆《さきが》けて、男の死に方だなァ、という思いが胸に満ちた。

〝芹さん〟は、その年十一月の小倉競輪祭には、元気な姿を見せていたという。木枯らしが吹き去った師走、風に乗って消えるかのように、花道を去っていった。

このときから一年と四カ月の後、色川武大も急逝する。満六十歳だった。

【私の好きな外国の酔っぱらい作家たち】

いきなりの泥酔シーンは衝撃だった——アラン・シリトー

イギリスの小説を初めて読んだのは、いつのことだったか。読書ということではかなりの奥手だったから、高校へ入ってしばらく経つまで手を出さなかった気がする。それが、いったん手を伸ばすと、モーム、グリーン、それからシリトーと、立て続けに読んだ。

その中で、ひときわ強く印象に残ったのが、アラン・シリトー。イギリス労働者階級出身の作家ということだけは聞き及んでいた気がするけれど、なにより、作品のタイトルがよかった。

『長距離走者の孤独』（丸谷才一、河野一郎訳・新潮文庫）と、『土曜の夜と日曜の朝』

（永川玲二訳・新潮文庫）。このふたつはスッと頭に入ってすぐに定着し、前者は我が家にすでにあった（兄が読んでいた）ものを開き、後者は自分で探してきた。

そして、『土曜の夜と日曜の朝』の冒頭に痺れた。小説の出だしで、主人公がベロンベロンに酔っぱらっているのである。なにしろ、飲んでる量がハンパではない。

十一杯の大ジョッキのビールとグラス七杯のジンを飲んで、ふらふらになっているのだ。文学作品の出だしというものは、しっとりした情景とか、これからナニが始まるかわからないという期待に満ちた雰囲気によって、読者をひきつけるものだとばかり思っていたけれど、この作品では、いきなりの十一杯、いきなりのベロベロなのである。それが、まだ、少しばかりの酒を口にすると真っ赤になっていた私の胸にどうして響いたのか。それはよくわからない。それから数年もすると、私のアルコールへの傾倒は明々白々になるのだけれど、このときの読書体験も、そのひとつの原因になっていたと考えられる。

ともかく、いきなりの泥酔シーンに、読んでいて酔っぱらってしまったのだけれど、後年、ペーパーバックにあたってみて、さらに驚いた。

大ジョッキ十一杯は原文では「eleven pints of beer」、さらに、この主人公は、「seven small gins」、つまりグラス七杯のジンも飲んでいる。ちなみに、一パイントは約五七〇㎖。それを十一杯というと、六二七〇㎖だから、日本のビールの大瓶で約十本。六ℓを超える。

これに対して、スモール・ジンというのは、ショットグラス入りのジンということで間違いないのだろうが、ショットグラスの容量を五〇㎖とすると、七杯で三五〇㎖。一般的な缶ビールの容量とほぼ同じである。

つまり、缶ビール一本分のジンのストレートと、六ℓを超えるビール。これが、胃袋の中で暴れているのだ。いったんは収まりがついたと思ったアルコールも、やはり居場所を見つけられずに姿を現してしまう。そして主人公はついに、というか、やはりというか、パブの二階から転落するのである。

見事な階段落ち。酔っ払いはケガをしない、と、これもウソかホントかわからないながら、よく聞くところではあるが、この主人公も傷は負っていない。それどころか、またパブへと戻り、さらに飲んで反吐をまき散らしたかと思うと、その足で女の家にしけこんだりするから、このイギリス人はタフだ。

この小説に出会ってからほぼ二十年後。私は、この作家がよく作品の舞台にしたイギリス中部、ノッティンガムを訪ねた。街を歩き、本屋でシリトーの本はあるかと聞いたけれど、返ってきた答えは「ハルキ、バナナの本があるよ」というもの。それは日本にもあるに決まってるだろとブツブツ言いながら一軒のパブに入った。でかい若者がパイントのビールを飲んでいる。私ももらう。パイント・グラスはやはりでかい。ずっしり重い。これを十一杯か。そう思って、苦笑いした。一緒に飲んでいる若者たちは、アラン・シリトーを知っているだろうか。ふと、声をかけたくなった。

酒は創作に不可欠のものであるか？——ウイリアム・フォークナー

文学者と酒は、切っても切れないものなのか。日本の作家を見渡したとき、たしかに、小説家、歌人、詩人の中に、大酒を飲んだ人は数多い。しかしながら、夏目漱石は酒が得意でなかったようだし、志賀直哉はたしか、まったく飲まなかったのではなかったか。

海を渡ったアメリカではどうだろう？　私のごく貧弱な知識では、エドガー・アラン・ポー、アーネスト・ヘミングウェイ、スコット・フィッツジェラルド、ビートニクの詩人たち、レイモンド・カーヴァーなどなど、次々に、よく飲んだ人たちの名前が挙がる。

ウイリアム・フォークナーという作家も、相当に飲んだようだ。ようだ、というのは、作品のテイストや、いくつかの場面から、相当な酒飲みであったと想像はしていたが、具体的に調べたことはなかったし、学生時代、この作家の作品を卒論のテーマにしたけれど、素顔のフォークナーにまで迫れなかった。だから実際のところ、飲兵衛であったかどうか、確信はなかったのである。

『詩神は渇く――アルコールとアメリカ文学』(トム・ダーディス著・関弘、秋田忠昭訳・トパーズプレス刊)という本を手にしたのは、まったくの偶然だった。ネット検索をしているうちにふと出会って、ちょっと高価だったのだけれど、買ってみることにした。

この本で、フォークナーの飲みっぷりを知った。

どうにも、こうにも、すごい酒飲みであった。

『響きと怒り』『サンクチュアリ』『八月の光』、『アブサロム、アブサロム!』など数々の名作を残した作家は、生涯のほとんどを、生まれ育った土地で過ごした。ヘミングウェイと並ぶ大作家ではあったが収入面で恵まれてはおらず、小説を書きながら、生計を立てるためにハリウッドの脚本書きも続けた。

三十代の後半になると、朝からの酒に歯止めがきかず、酔いつぶれてばかりだったというのだが、このときすでに、右に挙げた傑作を書いてはいたが、名前は広く知られておらず、昼夜をまたいで酒を飲みまくった挙句、アルコール依存症専門の医療施設に入院している。その後も酒の失敗を重ね、ときに生命の危機に瀕し、また入院、というようなことを繰り返す。

それだけ飲んでも、身体は持ちこたえてしまう。だから、余計に飲む。失敗をする。信頼を失う。同時代のヘミングウェイが人気作家であったのに比べ、同じくノーベル賞作家となるフォークナーではあるが、生活が楽だったことはないようなのである。最期もまた、自殺に近い形であったらしい。ヘミングウェイは銃を用いた自殺だったが、フォークナーの場合は、アルコールによって自らの命を縮めたのだ。

話は私の学生時代のことになるが、ある晩、文学部の教授と酒を飲んでいた。私はフォークナー文学に痺れていて、敬愛する教授はヘミングウェイを愛した。お互い、だいぶ酔ってからのことだろうか。先生は、

「フォークナーはアル中だったからな」

と言った。若い私はそれに対してなぜかむっとして、

「ヘミングウェイだってアル中じゃないっすか！」

と言い返した。すると先生、激高気味にひと言。

「ヘミングウェイはアル中じゃない！」

まことに実り多い、夜の個別講義であったと思う。

そんなことを思い出すにつけ、また、フォークナーを読みたくなってくる。今夜あたり、ウイスキーを片手に、じっくり、ゆっくり、読んでみようか。そんな気持ちになってくるのは、我ながら不思議なことだ。

酒とギャンブルに生きた真の無頼派――チャールズ・ブコウスキー

チャールズ・ブコウスキー――。アメリカの無頼作家は誰？　という問いに、この人の名前で答える人は少なくないだろう。破天荒な無頼ぶりは、『町でいちばんの美女』（青野聰訳、新潮文庫）の一冊にも詰め込まれているのだが、『死をポケットに入れて』（中川五郎訳、河出文庫）は、亡くなる少し前まで書き継がれた晩年の手記であり、そこでも老いてなお苛烈な作家の筆は生きている。

七十歳を過ぎて、競馬場に通い詰め、一方で、日夜、書き続けてもいる。そして、ときに、ぐでんぐでんに酔っぱらうことがあり、プカプカと煙草を吸う。

だから疲れている。疲弊した身体に、さらなる酒や煙草はキツいはずだ。しかし、それなしではいられない。身体にとって栄養と休息が必要であるように、心もまた滋養を必要としている。ブコウスキーにとって心の滋養に欠かせぬものは、ずばり酒だ。

「酒はわたしの心の糧となり、意欲のもととなる」。ブコウスキーは自身、そう書いている。

すごいですねえ、アメリカの無頼は……。

身体が痛めつけられているときに大酒を喰らえば、一種の気晴らしにはなっても、酒から心の滋養を得ているると言えるかどうか。泥酔して忘我の境地に逃げ込めても、それをやってしまっては、意欲がわかない。むしろ、意欲という意欲は色褪せ、衰弱する。少なくとも私の場合はそうであり、昨今では、深酒による気だるさを抜き去るべく昼前になって入浴などしてみても、それだけですっきり回復することはない。

けれどブコウスキーは、酒は心の糧だと、齢七十一にして書くのである。

ブコウスキーはかつてフィラデルフィアのバーに入り浸っていた。朝の五時から次の日の午前二時まで、バーに居続けたという。その飲みっぷりもすごいが、バーもすごいねえ。休み時間はないのでしょうか。二十四時間営業のバーなのか？　そういうバーを、私は知らない。

このバーに通い、ときおり、作品の執筆などもしていた荒くれの経験が、自ら脚本を手がけた映画『バーフライ』に反映しているらしい。

ミッキー・ローク演じる主人公は作家。お相手の、やたらと足のきれいな酔いどれ女を、フェイ・ダナウェイが演じたこの映画、相当にシブい。なにしろ、ずっとベロンベロン。これでもかというくらいにウイスキーを飲み、喧嘩をし、またウイスキーを飲む。バーフライというのは、直訳するとバーの蠅《はえ》。いつもバーにいる常連といえば穏やかだが、カウンターでひたすら酒を求めずにはいられない依存症の人、ということになると、かなりヘビーなイメージになる。

バッタみたいにピョンピョン跳ねるようにしてバーからバーを跳びまわるのをバーホッピングというらしいが、バーフライのほうは、そんな可愛らしいものじゃない。べったりバーに居ついて、有り金が続くかぎり飲む。金がなくなりゃ、ツケを頼み、その場の賭け事で飲みしろを稼いで飲み続けようというような、いわば究極の姿がそこにある。

ブコウスキーはやはり、筋金入りだ。私も、バーの開店から閉店まで飲み続けることがないではないが、連日は続かないし、そばにフェイ・ダナウェイもいない。とてもではないが、ブコウスキーのレベルには及ばない。

その、ハイレベルな筋金入りが、齢七十を超えてなお飲み、車を運転し、競馬場へ向かわずにいられない。高速道路で、前をのろのろ走る車の運転手に、たちまち激怒する。〈この人間は魂が眠っていて、それと同時に世の中を恨んでもいて、下卑て思いやりがなく、頭も悪いと読み取ることができる〉（『死をポケットに入れて』）。

怒りというよりは呪詛だ。そんな黒い感情が瞬時にわいてくるような自身と折り合うためにも、酒が欠かせない。私には、そんなふうにも読めてくる一節だったし、私自身の胸にも似たような黒い感情があることを、見事に言い当てられたような気もした。

酒で記憶を失うのは究極のホラーである――スティーヴン・キング

酒を飲みすぎると、どうして記憶がなくなるのか。昔、知り合いの医者に聞いたら、脳の中ってのは、わからんものなのよ、という答えが返ってきて驚いた。つまり、なぜなのか、よくわからないというのだ。ちなみに、そのお医者さんも酒飲みではある。脳内の神経がどうつながり、あるいはどう遮断されて記憶がなくなるのか。また、失ったかに見えた記憶が、

「昨日の酒は何の話で盛り上がったんだっけ?」

と他人に聞いてみたら、その人の口から出たひと言で、ああ、そうだったと、蘇ったりすることがある。あれも、よくわからない。

もっとわからないのは、話していたこともさることながら、どうやって家に帰ってきたのか、わからない、というヤツ。

あれ、オレ昨日、どうやって帰ってきたんだ？　思い返そうとして何も出てこなかったりすると、これは、けっこう怖い経験でもある。

帰巣本能によって帰宅するのだよ……。そういうことを言う人があります。そんなものかなと思う。けれども、人はちょいちょい引っ越しもします。ご自宅のほかにどこぞに愛の巣を営んでいるご仁もおられるやもしれない。そうなると、帰巣本能の向かうところはいずこか、わからんことになる。そういう馬鹿なことを考えるこの薄らバカ頭の中において、神経がいかなる連絡をしているのか、想像もつきかねる。

それはさておきまして、酒もあまりの量になると、記憶を失っている時間もまた、長くなるようなのです。前夜、どうやって帰宅したか、あれだけ酔っていたのに洋服をハンガーにかけたのは我ながら手柄であった、というレベルの話ではなく、ずーっと飲み続けている人は、その分、何日も記憶が飛んでいるらしいのです。

その極めつきが、スティーヴン・キングじゃないでしょうか。

『キャリー』でデビュー、『シャイニング』『ミザリー』などの作品でモダンホラーの第一人者となる。ほかにも、『スタンド・バイ・ミー』や『グリーンマイル』などのベストセラーがある、アメリカの超メジャー作家だが、この人が、一時、かなりの酒を飲んだらしい。依存症であり、薬の問題も抱えていたというから、深刻である。

『書くことについて』（田村義進訳・小学館文庫）には、その時代のことを述懐した部分があるのだが、読んでみて驚いた。

アルコールの問題が深刻だった八〇年代。『クージョ』という長編を書いていた頃の記憶がほとんど残っていないというのである。

眠って起きて、ものを食って排泄して、そして仕事をしていたのだが、そこに何を書いたか記憶にないのだ。

八五年末頃は『ミザリー』を書いていて、このときはコカインのせいで鼻血が止まらなかったとか。

すさまじいですな。『ミザリー』は、狂気の看護師アニー・ウィルクスによる監禁の恐怖を描いた作品で、映画ではこの看護師をキャシー・ベイツが演じている。ヒット作だからご覧になった方も多いかと思うが、恐怖は徐々に、しかし着実に増大していく。そして、このアニー・ウィルクスという怪物を創造することをコカインとアルコールの代わりにして、キングは、薬と酒から脱却を図ったということなのだ。

そして、一九九六年には、名作『グリーンマイル』を発表する。ペーパーバックで四百五十ページに及ぶ長編で、構えの大きいファンタジーに仕上がっている。アルコールからの脱却によって到達できたひとつの地点。作家は、書いている間も、書くということ自体を十分に楽しんだのだろうと思うと、やはり、どうにも、酒に溺れるのはいかがなものかと、胸に手を当て、しばし沈思したい気分になってくる。

酒の一滴VSカエルとアメリカ人

酒についての金言、箴言、格言、諺、古今東西、多々あるようでして、まあ、昔からいろんな人がいろんなことを言い、その中から、そうだそうだと賛同を得たものが残ったのだろう。丸くされたり、尖らされたり、さまざまに改変され、簡潔の極みにたどりついたと思わせるひと言もある。

日本を代表するのが、これ。

――酒の一滴は血の一滴――

はあ、なんでしょうかね。酒の一滴は血の一滴と同じくらいに大事。だから決して残してはいけない。あるいは、酒はお米からできている。お米一粒残してはいけないように、お百姓さんへの敬意をこめて酒の一滴も残してはいけない……。いずれにしても、大事なものであるから、残してはいけないということを言わんとしているのでしょう。

うかつにも酒をこぼしたりしたとき、酒の一滴は血の一滴と同じであるから、よくよく注意しなければならない。これも、用例のひとつ、でありましょう。

しかしながら、たとえば徳利を傾けて杯に酒を注ぐとき、手元がくるって、ちょっとばかりあふれさせたとして、「おーっとっと、酒の一滴は血の一滴」なんか言いながら指についた酒をしゃぶる、なんてのは、わざとらしくて感心しません。

ただし、グラスになみなみと酒が残っているのに、さあ今日はここらでお開きに、というのは、やはり、いただけない。無理やり注がれたのなら勘弁したいが、それも、もうこれ以上はいただきません、というときには、グラスに手でフタをして構わない。

無理強いをするような輩とは飲まなくていいのであって、逆に、グラスになみなみという状況を許したのであれば、それはさらりと片づけて席を立つのが、なにより、きれいだと思う。

つまり、酒の一滴は血の一滴、という諺、というか格言は、その精神が大事なのであって、酒の席でわざわざ口に出さなくていい類の言葉だと言えましょう。

——食事と一緒に水を飲むのはアメリカ人と蛙だけだ——

これはフランスの諺だと聞いたことがあります。ちょっと悪口が入っていますね。口にして、「わはは」と笑って楽しむための言葉です。

アメリカ人をバカにした言い方だ。他にも、イギリス人は舌を忘れて生まれてきたというような、ジョークというか悪口みたいなものがあると聞きます。

食事のときに水を飲むアメリカ人って、なんもわかってないよねえ、というこの言葉ですが、どうなんですか、食中の水。日本人も、飲みますよね、水は。

逆に、うまい水のある国で飯を喰うというのは、たいへん楽しいことであって、まずい水を基準にものを言ってもらっては困ると、私などは思います。ワインだって、うまいものはうまいが、まずいものはまずい。ワインを飲んでいればいい、という話ではそもそもない。だいたい、他人様のことをとやかく言うな、という気もする。「酒の一滴は血の一滴」にはひとつの精神を感じますが、食事のときの水云々は、やや精神性に欠けますな。もうひとつ意地悪を言うと、カエルは水を飲まないそうですよ。腹から吸収しているとか。そんな話です。

飯のときに水なんか飲むのはアメリカ人とカエルだけだよ、という、そのカエルは水を飲まないし、アメリカには上質のワインがある。日本酒だってたくさん飲んでくれているといいます。日本酒にもビールにもウイスキーにも、おいしい仕込み水が欠かせない。それを知らずに水をバカにしてはいけない。水の一滴は、ワインの一滴。それくらいのことを、今度フランスへ行ったときには口走ってみたい！

いやしかし、そのココロはと問われたら、途端に言葉に窮する。だから、黙って、ワインを飲むことになるでしょう。

その昔、神楽坂の坂をあがったあたりの露地に「飯塚」というニゴリザケ屋があって、店の趣がドッシリと古めかしく、そのスタンドでニゴリザケをコップ飲みにするのが、私たちのときたまの優雅でおだやかな日の飲み方であった。

檀一雄

『わが百味真髄』（中公文庫）所収「ニゴリザケ濁れる飲みて……」

檀一雄（だん・かずお）　小説家。一九一二～一九七六年。東大在学中から作品を発表。戦後、一九五〇年『リツ子、その愛』『リツ子、その死』を出版。同年、『長恨歌』『真説石川五右衛門』で直木賞を受賞。代表作『火宅の人』で読売文学賞。小説のほか、料理エッセイを多数執筆。

この文章は、「ニゴリザケ濁れる飲みて……」というエッセイからの抜粋だが、このタイトルは島崎藤村の詩の一節。「千曲川旅情の歌」の、「小諸なる古城のほとり」から引用している。

〈暮れ行けば浅間も見えず　歌哀し佐久の草笛　千曲川いざよふ波の　岸近き宿にのぼりつ　濁り酒濁れる飲みて　草枕しばし慰む〉

早春の佐久の夕暮れ。寝転んで濁り酒を飲み、しばし自分を慰安する。その風情はたいへん好ましいものだが、この一節を引いて、ニゴリザケの話を書いた檀一雄のエッセイも、のんびりとしていて、すばらしい。

冒頭の文章の「私たち」は、著者と盟友の太宰治のことだという。飯塚に行こうと連れ立って出かけるときは〈荒れの少ない、機嫌の上々の日であって、スタンドのニゴリザケを四、五杯静かに飲んで、おだやかに引き揚げていったものだ〉と書く。白濁した酒のとろりと口中に溶け込むような味わいが、人を慰め、あるいは人を安心させるのか。この一文を読むだけで、ほのぼのとした気分で飲む一杯のうまさを思い浮かべることができるようだ。

著者は料理の達人。『檀流クッキング』などを著し、うまいものを訪ねて国内外を歩いた旅人でもある。スタンドで飲む酒の楽しさは、次のようなところにも表れる。

やはり太宰と歩いていて、新宿の道端の夜店で売っている毛蟹を見つけた太宰がそれを買い、真っ二つに割って手づかみで喰い始めた。九州育ちで毛蟹を知らなかった檀はこのとき蟹に目覚める。それ以来、蟹狂いとなって、世界中の街角で蟹を見つけては買って喰うことを続けてきた。

さまざま喰った蟹のなかで、バルセロナの立呑屋であったか、塩ユデの小蟹のハサミだけを盛り上げた皿を見つけ出した時ほど嬉しかったことはない。

このエピソードは、同じく『わが百味真髄』所収の「菊の季節の横行将軍——蟹談義」に出てくるのだが、何という蟹で、どんな味わいであったか、それは詳しく書かれていない。合わせた酒はシェリーであったのかどうか。それも書かれてはいないのだけれど、真っ赤に茹で上がった蟹のハサミが堆《うずたか》く積まれている様や、ハサミの中に詰まった肉の鮮やかな白さまでもが見えてくる。コップでニゴリザケを飲んだ神楽坂の酒屋でも、茹でた蟹のハサミの皿を見つけたバルセロナの店でも、気取らず、立ち飲みを楽しんでいるのがまたいい。ウンチクを並べる文章は多いが、これほどおいしそうな文章は、稀有だ。

話が料理となると、さらに楽しい。著者の筆がのりまくる。「鍋物で味わうマイホームの幸せ」という一文では、鍋物は洒落た店で食べるのではなく、自宅で楽しむべしと薦める。モノグサ亭主の役割の第一は魚河岸などうろついてタラの一匹も買って帰ること。細君は水を入れた土鍋にだし昆布を入れ、八百屋、豆腐屋でみつくろった白菜、ネギ、大根、カブを切り、シラタキと豆腐も用意する。大根を真っ二つに切って切断面中央に菜箸で穴をあけ、種を抜いた赤トンガラシを差し込んでから、おろす。これでモミジオロシのできあがり。そこにサラシネギとユズの皮を揃えれば薬味の準備も万全。細君は、タラをぶら下げて帰ってきた亭主をおだててぶつ切りまでさせ、身と一緒にマコやシラコを並べる。火をつけた鍋にシラタキとタラを入れ、煮える順に野菜を加え、取り皿にはサラシネギとモミジオロシ。ユズかレモンかスダチの酢醤油でいただく。あらかじめ、塩と醤油で鍋に味をつけるのもいい。そして、

酒を二本でも、添えたりしたら、亭主はにわかに感奮興起して、毎週でも、タラを買って帰るような変異がおこらないともかぎらない。

タラでよし、タイでよし、フグでもちろんよし、アジでもよし。チリ鍋ひとつの手間いらずの作り方を解説して、読者をその気にさせてしまうのが、檀一雄の料理エッセイの底力だ。読んでいると、酒を飲みたくてたまらない、というミもフタもない気分にさせられてしまう。

思うに、酔っ払った悦楽の時間よりも醒めて苦痛の時間の方がたしかに長いのであるが、それは人生自体と同じことで、なぜ酒をのむかと言えば、なぜ生きながらえるかと同じことであるらしい。

坂口安吾

田村隆一編『日本の名随筆11　酒』所収「酒のあとさき」より

坂口安吾（さかぐち・あんご）　小説家。一九〇六〜一九五五年。『白痴』『桜の森の満開の下』などの純文学作品に加え、評論『堕落論』でも注目された戦後の無頼派。ほかに、歴史小説や、安吾捕物帖シリーズ、『不連続殺人事件』などの推理小説も発表。競輪好きでも知られた。

太宰治、織田作之助と並んで無頼派として名を馳せた坂口安吾は、小説、随筆、評論など幅広く健筆をふるった。ヒロポン中毒にもなったし、酒も相当に飲んだようであるのだが、酒について書くその内容も、小説が独創的であったのと同じように、かなりユニークである。坂口安吾という人の、体質そのものとも言えそうな、独自で、孤高なものが感じられる。

この文章も、ちょっと変わっている。

前半は、酔えば気持ちは楽になるが、所詮《しょせん》それは短い時間の話であって、酔いから醒めてしまえば寒々とした日々が続くばかり。苦痛の時間はむしろ長い。と、いうようなことを押さえておいて、それが人生と同じことだと言い、続けて、なぜ酒を飲むか、は、なぜ生きながらえるか、と同じであるらしい、とする。

なるほどそうか、と、読み流してしまいそうな文章でもあるが、少し、引っかかる。酒を飲んで酔っ払って悦楽の時間を得る。けれど、酔いは醒めて、残るは苦痛の時間ばかり。それが人生だ。と、読んでしまえばすっきりするのだが、なぜ飲むか、は、なぜ生きるか、と同じだというのは、どういうことなのか。

飲むことと、生きながらえることは、ともに悦楽を求めることであり、そのときはいいが、悦楽が過ぎれば残るは苦痛のみ。と読めば、いいのだろうか。この場合、

「生きながらえること」が、「酒を飲むこと」と同様に「悦楽を得る」ための行為ということになるのだが、むしろ、生きながらえること自体は苦痛であって、それをいっとき忘れるために酒を飲んで悦楽を得るのであるから、この文章のつながりはやはり、少しおかしい。実際、安吾は、その直後に、〈酔うことはすべて苦痛で〉とも記していて、こうなると、酒を飲むのは生きながらえるのと同じでそもそも苦痛なのだ、ということになってくる。

なんだか、酔っ払いと話をしているみたいで、おもしろい。

ユニークなのは、飲み方も然《しか》り。同じ随筆から引く。

私は胃が弱いので、酒やビールだと必ず吐いて苦しむので、これはジッと飲んでいると尚いけない、少しずつ飲んで梯子酒をすると割合によい。一番よいのは汽車の食堂で、これは常に身体がゆれているから、よく消化して吐くことが殆どないのである。

これはまた、珍しい。胃が弱くてすぐに吐く人がハシゴをしたり、乗り物の中で飲むのは、余計に気分を悪くさせそうなものだが、さすが、安吾は違う。ビールと日本酒がダメなほど胃が弱いのに、飲む酒は、〈日本酒とビールは今もだめで、焼酎でもインチキ・ウイスキーでもメチルの親類でも、ともかく少量で酔うアルコールの方を珍重する〉のである。

なるほど。ビールや日本酒など、度数の低いものをたくさん飲めば腹が張るからいけないのだ。では、少しだけ、あるいはほどよく飲めばいいようなものだが、そこは、前提が違う。

酔うために飲む、のである。しかも、軽い酒ではすぐさま酔わない。つまり、酒が強い。そこで、好きでもないビールや日本酒を、がぶがぶ飲む。まずい。だから吐く。厄介です。実に厄介な酒飲みだといえる。けれど、ワカル、ワカルと、肩を叩きたいような厄介さでもある。

酔っぱらってものを見ていると、世界に対して膜がかかっているんだけれど、素面で見るとリアルな現実と向き合っている感じがする。まあ酔っぱらっていたときの方が、楽といえば楽だったかな。

中島らも

『さかだち日記』（講談社文庫）

中島らも（なかじま・らも）　小説家。一九五二〜二〇〇四年。ミュージシャン、劇団主宰など多彩な才能を発揮した。『今夜、すべてのバーで』『ガダラの豚』などの小説のほか、「明るい悩み相談室」シリーズなどの名物コラムでも知られた。

『今夜、すべてのバーで』は、アルコール依存症の経験に基づく作品だが、さらりと軽妙に書かれていて、主人公の頽廃とは裏腹に、どこか、おかしみも感じさせる不思議な小説だ。

酒ばかり飲んじまって、俺ってどうしてこうダメな人間なのか……。そういうじめっとした感じが少なく、重度のアルコール性肝炎にともなうさまざまな障害があるにもかかわらず、そんな自分を突き離して眺めているようなところがある。それが、救いになって、この小説は、ちょっとした酒好きたちに、一種のあこがれや羨望をもって支持されたのではないか。少なくとも二十代の酒好きサラリーマンだった筆者にとっては、辟易してしまうような自虐作品ではなかった。

この作品の発表年は一九九一（平成三）年。そして、冒頭の言葉を引用した『さかだち日記』刊行は一九九九年。酒を断ったのが一九九五年で、その翌年の九六年五月から九八年四月までの日記をまとめたものだ。

一九九六年六月七日の記述には、雑誌『ゲイナー』の取材を受け、二十代サラリーマン時代の話をしたとあるのだが、この取材をしたのは、フリーの雑誌記者になっていた筆者である。これはまあ、どうでもいい枝葉の話だが、同じ日の夜には、近所の自販機で一本二百円の酒を買って飲む。勝ったり負けたりだ。酒が勝ったりおれが負けたりだ。

と、書いている。実は、この日記を始める前には、重度のうつ病にかかっている。死ね、死んでしまえという声が聞こえてきて、それと戦うために、バーボンをがぶ飲みする。そういう、ぎりぎりの状態までいきながら、今度は躁病とアルコール依存症の治療のために入院。きつい幻覚症状も経験した。

このあたりの事情は、この本の「はじめに」に書いてある。酒、シンナー、抗うつ剤、さらには咳止めシロップと、なんでもやっている。もの書きになってから後は、朝三合飲んで気付けとし、それから仕事をしている間中、飲み続けたと述懐する。そうして、なんとも言えない、感想をもらす。

まあ二十五年くらいほとんど素面《しらふ》という状態を知らなかったわけだから、ずーっと素面というのはなんだか奇妙な気がする。

これに続けて、冒頭の言葉がくるわけだが、一応は酒を飲まない生活をしてみての、実に率直な感想が述べられている。酔っていると世界はぼんやりしていて、素面だとリアルに見える。当たり前の話といったらそれまでだが、ぼんやりしているくらいのほうが楽だったな、というあたりが、酒飲みの賛同を得る部分ではないか。作家は、続けてこう書いている。

人間は誰だってもともとどこかが欠けている。みんなその欠けた部分を補うために何かに依存して酩酊して生きていく。

何かとは、酒だけでなく、異性やギャンブル、自分の子供や、権力や金であったりするのではないか……。

表現は平易でやさしいけれど、酩酊の極みにいた人の言葉だけに衒《てら》いも気どりもなく、静かに胸に響いてくるようだ。

酒のめばなみだながるるならはしもそれもひとりの時に限れる

若山牧水

『若山牧水歌集』（岩波文庫）

若山牧水（わかやま・ぼくすい）　歌人。一八八五～一九二八年。若き日から名歌の数々を詠んだ歌人で、生涯に残した歌は七千首に及ぶ。酒と旅を愛し、旅の歌、酒の歌、紀行文に名作が多い。

若山牧水の生年は和暦では明治十八年。没年は昭和三年。その生涯はわずかに四十三年で、死因は肝硬変だったといわれる。酒を詠んだ歌の多さからみても、この生涯に、かなりの酒を飲んだようである。

右の歌は、『白梅集』という、牧水の第十歌集に収められている。この歌集が出たのは大正六（一九一七）年だから、牧水はまだ三十二歳だった。

若いのに、シブい歌を詠むよなあ。それが、この歌に出会ったときの、同じく酒飲みとしての筆者の感想である。

妻がいて、子がいて、さまざま屈託を抱えながらも日々、生きている。その有難さひとつを思っても、どこかに哀しさが隠れている。それが、ひとり、酒を飲むときに限って胸の底を温め、やがて熱い涙となって、眼に満ちる。そんな塩梅だと思えば、ひとり酒がいつもいくばくかの哀しみを伴うことが、歌人の習わしになっていたと合点もいくし、それが多くの酒飲みたちの胸にも染みるのだろう。

牧水は酒をよく飲み、全国への旅にも足しげく出かけた。旅先で、土地土地の人々とともに歩き、酒席をともにする。出会う風景や折々の感懐を詠む。その筆致は、穏やかで親しみやすく、また、表現が平易である。旅に出ていないときも、旅先を詠んでいるかのような、どこか遠くを遥かに眺め渡すような風情をたたえる。

そんな、やさしく、雄大でもある歌を詠む人が、酒との折り合いをなぜ欠いたか。そこにどのような必然があったかは、想像してみるしかないが、折に触れて心を慰めた酒を、常においしく、適度に飲むということは、非常に難しかったようである。

先の、『白梅集』から四年後の一九二一（大正十）年に出された『くろ土』という歌集には、こんな歌も見受けられる。

酒やめてかはりになにかたのしめといふ医者がつらに鼻あぐらかけり

これは、真剣に忠告する医師をおちょくっているのか、あるいは、話を聞いちゃいないかの、どちらかである。祖父も父も医師であった牧水の、こういう態度はいかがなものかと思わぬでもないが、それもまた、酒恋しさ、酒欲しさの表れか。

こんな歌もある。

酒やめむそれはともあれながき日のゆふぐれごろにならば何《な》とせむ

さらに、もう一首、加えるなら、これだ。

人の世にたのしみ多し然れども酒なしにしてなにのたのしみ

酒をやめろという医師には、あなたは、鼻があぐらをかいていますよと相手にならず、いざ酒をやめるとしたら夕方から何をすりゃいいのかと誰にともなく盾突いて、さらには、酒なくして人生に愉楽などあるものかと、言い放つ。

いやいや、これらすべて、嘆いているのだ。

どうもうまくいかぬものだなと、困惑しているのだ……。

筆者などは勝手にそう思うことにして、牧水とともに困惑し、牧水とともに、嘆くべく、今夜も少し、酒を飲もうと思うのである。

焼酎の尿割りというのはどうかなと思いつつ、そこまではやはり踏み切れなくて、朝から湯で割りつつ、昼までに四合。旧友(略)、酒友(略)、二人とも朝からの焼酎で、死んだ。かくすればかくなるものとしりつつも、やむにやまれぬ湯割り焼酎。

野坂昭如

吉行淳之介編『また酒中日記』(中公文庫)所収「理屈はいらない」より

野坂昭如(のさか・あきゆき) 小説家。一九三〇〜二〇一五年。「火垂るの墓」「アメリカひじき」で直木賞受賞。作詞家、放送作家、歌手、タレント、国会議員としての顔も持つ。小説、エッセイなど、執筆量は膨大でテレビ・ラジオなどの出演回数も多かった。無類の酒飲みとしても知られた。

この文章は、もとは、月刊誌「小説現代」に連載されていた「酒中日記」というページに寄せられたもので、掲載は平成二年十二月号ということなので、西暦ではちょうど一九九〇年。一九三〇年生まれの著者が、六十歳のときに書いたものである。

某月某日と題した六日間の酒日記が、掲載されている。

冒頭の文章は、その三日目。〈食欲まったく無し。〉で始まる記述なのだが、ご覧のように朝から焼酎のお湯割りをがばがば飲んでいる。

これに続けて、昼からは近所の寿司屋でビールを飲み、ご近所さんの家に上がり込んでさらに飲む。

翌日は、〈顔はげっそり痩せ、いたるところに肝障害特有の赤斑が浮き出している〉にもかかわらず、いただきもののワインを飲む。


いわゆる仕事などぜんぜんしない。六十歳過ぎて、何でアクセクしなきゃならないのか。御近所の、海外駐在経験のある商社マン三人を招き、午前十時よりパーティ。

と、またもや朝からの大酒をしておられる。齢六十にして、毎朝これだけ飲んでいれば、顔に赤斑も出ようというもの。そこで冒頭の文章にあるように、尿療法をためしてみようか、などと考えている。

けれど、この作家は、六十歳を過ぎたから誰に遠慮することもないと開き直って飲んでいるわけではない。これは大酒飲みには共通したことかもしれないが、中年、あるいは老年にかかってからも大酒を飲む人には、若い頃から飲みつけてきた歴戦の猛《も》者《さ》が多い。著者はその筆頭だ。

『日本の名随筆11　酒』（田村隆一編／作品社）には、野坂の著書『風狂の思想』（中央公論社）の中から「わが焼酎時代」という文章が収録されている。原本の発行は一九七〇（昭和四十五）年だから、著者は四十歳。その著者が、二十一歳だった、一九五一（昭和二十六）年のことが書かれている。

第三次世界大戦の開戦と東京への原爆投下を真剣に心配する大学生の著者が、〈そういう怯《おび》えが、われわれを、あるいは風狂というか、乱痴気気質というか、およそ学生らしくない行動にかり立てたのかも知れぬ〉という状態で、〈一日として焼酎のない日は考えられ〉ないほどに飲んでいるのである。

当時の焼酎ほど残酷な酒を、ぼくは知らない。五杯も飲めば放歌高吟、ならまだいいが、すぐ嘔吐する。

サルトルの『嘔吐』の名を出しつつ、〈胃の腑うらがえしにされるようなショックに耐えていれば、なんとなく実存の感じはある〉ほどにのたうち回り、翌朝、焼酎と反吐《へど》のこもった部屋に目覚めれば頭痛、動悸、虚脱感に苛まれ、銭湯の一番湯につかってようやく人心地がつく日々。

飲んでは苦しみ、苦しいけれど、やはり飲む。そういうことを、二十歳過ぎから還暦までずっと続けたと思えば、その間の、作家として、タレントとして、政治家として、さまざまに活躍した著者の、八面六臂ぶりには、改めて度肝を抜かれる気がする。

そして同時に、飲めばすぐさま劇薬に変じる質の低い酒を煽った先達が、どんどん減っていくことに寂しさを覚える。昨今、日本酒もビールもワインもウイスキーも、そして焼酎も、質の高い、うまいものばかりになっている。昨今の二十代の中には、決して安くはないバーでコニャックを頼むのがいると、筆者は先日、某所で聞いたばかりだけれど、この話、敬愛する野坂先生にお話ししたら、なんと言っただろう。

怒ったか、それとも高らかに笑ったか。

「人間はいつ死ぬかわかりゃしないのに」と私は独りで呟く、「そんなにいそがしがってなんの得があるんだろう、みんなあんまり利巧じゃないいな」

山本周五郎

『小説の効用・青べか日記』（光文社知恵の森文庫）所収「酒みずく」より

山本周五郎（やまもと・しゅうごろう） 小説家。一九〇三〜一九六七年。「日本婦道記」が直木賞に推されるが辞退。その後、『樅ノ木は残った』『赤ひげ診療譚』『さぶ』などの時代小説に加え、現代小説でも『季節のない街』『青べか物語』など名作の数々を残した。

この文章だけを読むと、酒に関するものとすぐさま判断がつかないが、この一節が出てくるエッセイのタイトルは「酒みずく」である。一九六四（昭和三十九）年十二月の『朝日新聞』ＰＲ版に掲載されている。著者、六十一歳のときであるから、すでに『さぶ』が完結し、『ひとごろし』が出た頃、『ながい坂』の執筆にも取り掛かっていた時期かと思われる。

つまり、作家としてはとうに円熟期を迎え、名作、大作にも決着のついた、いわば悠々自適の時代かと想像されるが、「酒みずく」を読むと、そうではないようなのである。なにしろ、冒頭の一行がこうである。

私はいま二週間以上も酒びたりになっている。

しっかりと準備をして取り掛かった小説に難儀し、作中人物に飽きがきていて、〈うんざりして机の前から逃げだすか、酒で神経を痺《しび》れさせるほかなくなる〉という窮地。

朝はたいてい七時まえに眼がさめる。すぐにシャワーを浴びて、仕事場にはいるなり、サントリー白札をストレートで一杯、次はソーダか水割りにして啜《すす》りながら、へたくそな原稿にとりかかる。

うまく書けているという実感のないまま午前の仕事を終えると、昼になる。しかし、相変わらず食欲はない。客でもあれば歓談して酒盛りをするが、来ないと陰気なひとり酒を続けるしかない。ときに、電話をかけて友人を呼び出そうとするが、みんな働いているわけだから、はいそうですか、と訪ねてはこない。そんなとき、「人間はいつ死ぬかわかりゃしないのに」という呟きが口をついて出る、というわけなのだ。見渡せば、仕事関係は若い人ばかり。自分のような〈下り坂になった作者に会うのは気ぶっせいなのだろう〉と、ひねたことも考える。

夕刻には愛妻がやってくる。料理自慢の愛妻がおいしい晩飯をつくってくれるのである。しかし、彼女を前にビールなど飲み、彼女の得意な洋風の料理を味わいながらも、若い編集者の督促の声、その上司の蔑みの声、印刷所の職人の〈「どうせろくなものも書けないくせに」〉という呪詛まで聞こえてくるような気がするのだ。

これでは、もちませんな。朝から飲んでいるというのに、気分はさらに落ち込んで、食後は一時間ほど眠る。そうして、夜、愛妻が自宅へ引き返すと、また、酒を飲み、睡眠剤と酔いで起きていられなくなるまで頑張って、眠る。
そうして、翌朝は、また、七時には起きだしてシャワーを浴びて、ウイスキーを啜りながらの仕事に取り組む。
こんなことをしていては、とさすがに思うのか、二週間ほど酒を抜いたという。すると、水がうまい。それから、初めて、蕎麦のうまさに気づかされた。水と、蕎麦、うん、実にうまいもんだ、と六十一歳の大家は理解するのである。しかし、それも束の間。〈それはそれだけのはなしだ〉と気づき、こう記すのである。

健康を保って十年生き延びるより、その半分しか生きられなくとも、仕事をするほうが大切だ。こうしてまた、酒みずくに戻ったのである。

この文章が掲載されたときから数えて、二年と少し後、作家は仕事場で息を引き取った。満年齢で六十三歳。いま考えると若いけれども、作家は、膨大な原稿を残して、この世を去った。

あのね、僕が二日酔いをしない理由で、ひとつ大事なことはね。気持ちよく飲むことだよ。いいも悪いも気持ちよく飲んで、今日はバカと一緒に気持ちよく飲んだなって、それでいいんだよ。ね？

高田渡

酒とつまみ編集部編『酔客万来』（ちくま文庫）

高田渡（たかだ・わたる）　フォークシンガー。一九四九〜二〇〇五年。六〇年代末に音楽活動を開始し、七一年からは『ごあいさつ』『系図』『石』と傑作アルバムを毎年発表。フォーク界をけん引した。アルバムと同タイトルの著書『バーボン・ストリート・ブルース』もある。

この発言は、手前みそでたいへん恐縮ながら、筆者と仲間たちの手で創刊した「酒とつまみ」というミニコミ誌の第五号に収録したインタビューからの抜粋である。インタビューとはいうが、編集、写真、デザインの三名に私を加えた四名で押しかけて一緒に飲むだけの、飲み記録といったほうが正確である。

その席で、私たちのあこがれのフォークシンガーである高田渡さんに、六時間近くも付き合っていただいたことは、渡さんの没後十四年の今年になって、いっそう得難い経験であったと痛感する次第です。

インタビュー当日。お会いしたときまず驚いたのが、かなり酒の匂いをさせていたということです。私は、自慢ではないですが、かなり酒臭い男ですが、その私が、おっとっと、と気づくくらいに、渡さんは香ったのです。

このインタビューの中でも触れていますが、渡さんは意外にも早起きで、散歩なんかも好まれる。自宅から近い井の頭公園など、散策しているらしい。そして、いったん家に帰り、吉祥寺通り沿いの「いせや」が開店する昼頃になるとふらりと出てきて、ちょいと飲む。このお姿は、三鷹市在住歴が四十五年におよんだ私もかつて、小田急バスの車中からお見掛けしておりました。それから、またご自宅へと戻り、小休止して、夕刻、ふらりと飲みに出る。

お話を総合するに、こんな感じの日常と察するわけだが、ご本人は、そう飲むわけではないとおっしゃる。ハシゴもしないし、あまり飲みませんよと。いやしかし、飲兵衛には、たくさん飲むよーと大袈裟に言う人がいる一方で、ちっとも大酒飲みなんかじゃありゃしませんよ、とか言って、なぜか酒量を過少申告するタイプもある。このときの渡さんは後者であったのだけれど、ぷーんとくる匂いが、そうではないことを示していた。これは隠しようがない。

そうして始まったインタビューだが、酔っているように見えたかと思うと、まるで素面にも見え、話はあちこちへとび、一見支離滅裂だが、いかにも思いつきで次々に展開していく話芸のように、小気味よかったりもする。

テキトーなことばかり言って人をおちょくっているかと思いきや、そういう馬鹿話で、かえってインタビュアーの緊張を解いてくれたりもする。インタビューはいつしか酒宴となって、話を聞いている側が自分のことをべらべらしゃべるような塩梅になってくる。今、思えば見事な〝渡節〟に酔いしれていたことがよくわかる。

そういう話の中で、冒頭の言葉が出た。渡さんは二日酔いをしないと強弁する。

そして、こう続ける。

こんなバカと飲んで、このバカヤローってところで、スパッと切れればいいんだよ。それをズルズル引きずるからいけないいんだよ。（中略）ああ、そうか、昨日は親子丼だったなとかさ。（中略）できれば今度は鴨南蛮と飲みたいな、なんて思えばいい。これはホントの鴨南蛮かな、なんて思いながら飲むんだよ。

こんな話をしているとき、渡さんの声には張りがあり、顔はいささか紅潮し、いくぶん笑顔でありながらも目つきだけは大真面目を装っている。その姿は、類まれなサービス精神の表れにも見え、なにしろご本人がたいそう愉快そうでもある。

あ〜あ、今日はお前みたいなバカと一緒に気持ちよく飲めてよかったよ。

そんなふうに言われたような気がして、筆者などはたいへん名誉なことだと思ったものだった。

夕暮れのビヤホールで
彼はひとり
一杯のジョッキをまえに
斜めに坐る

『黒田三郎詩集』（現代詩文庫）『もっと高く』所収「夕暮れ」より

黒田三郎

黒田三郎（くろだ・さぶろう）　詩人。一九一九～一九八〇年。一九四七年、詩誌『荒地』創刊に参加。一九五五年『ひとりの女に』でH氏賞。『小さなユリと』『もっと高く』など数々の詩集を発表。平易な言葉で書かれた詩で、多くの読者を得た。

まことに個人的なことながら、この「夕暮れ」という詩を、筆者はたいへん好んでいる。先に引いたのは、第二連で、詩の冒頭は以下である。

夕暮れの町で
僕は見る
自分の場所からはみ出てしまった
多くのひとびとを

つまり、視点は僕にある。その僕が、「自分の場所からはみ出てしまった」い、名もなき群衆のひとりとなって、いかにも寄る辺ない「多くのひとびと」を見る。その、人の群れの中に、「彼」がいる。ビアホールにいる彼だ。一杯のジョッキのビールを前にして、ちょっと斜めに座る。そして、次の三連目につながる。

彼の目が
この世の誰とも交らないところに
彼は自分の場所をえらぶ

そうやってたかだか三十分か一時間

ふと顔を上げて誰と目線が交わることなく、ジョッキを傾け、ほっとひと息ついて、何を思うでもない。群れの中の彼もまた、多くの「自分の場所からはみ出てしまった」人々を眺めている。〈そうやってたかだか三十分か一時間〉。筆者は、夕暮れの最初の一杯を、これほど美しくとらえた言葉を、ほかにあまり知らない。

第四連は〈夕暮れのパチンコ屋で／彼はひとり／流行歌と騒音のなかで／半身になって立つ〉、第五連は、〈彼の目が／鉄のタマだけ見ておればよい／ひとつの場所を彼はえらぶ／そうやってたかだか三十分か一時間〉と続く。

そして、詩人は、この、ふたりの「彼」のいる情景から、世界を見せてくれる。

人生の夕暮れが
その日の夕暮れと
かさなる
ほんのひととき

自分の場所からはみ出てしまった
ひとびとが
そこでようやく
彼の場所を見つけだす

この詩は、高田渡が改変を施して、黒田三郎との共作の形で楽曲化されている。メジャーコードの三拍子。穏やかでゆったりとした旋律に、この言葉がのっている。詩は原作よりもよりやさしく、慰めに満ちたものへと変えてあり、それが、からりとしていながら切ないメロディーにのって、風のように聞こえてくる。これも絶品。黒田三郎を読んだら、高田渡もぜひ、お聴きいただきたい。

その晩は一升ばかり飲んだ。翌日、眼を覚して、又ビールを頼み、という風にして、何日か過ぎた。これから先が本論である。

吉田健一

『汽車旅の酒』（中公文庫）所収「旅の道連れは金に限るという話」より

吉田健一（よしだ・けんいち）　文芸評論家、翻訳家、作家。一九一二年〜一九七七年。父は宰相吉田茂。ケンブリッジ大学中退。文芸評論や翻訳など、研究者としての活躍の一方で、「金沢」「酒宴」など独自の小説世界も構築。酒と旅を愛し、多くの随筆を残す、粋人でもあった。

この言葉の初出は、『文藝春秋――冬の増刊・炉辺読本』一九五一年十二月号ということだから、昭和二十六年の話である。出版社と約束した翻訳の原稿を持参して、それを無事届けたその足で、夜汽車に乗って旅に出ている。関西へ、酒を飲みに行く旅ということである。

汽車の中で飲み出して飲み続けて夜を明し、翌日京都に着いて、出版社が紹介してくれた宿屋で早速ビールを又一本飲んで眠って目を覚すと、外に出て所々飲んで歩き、晩に宿屋に帰って来て本格的に飲み始めた。宿屋には出版社から何か言ってあったようで旨い酒を幾らでも持って来るので、

ここで、冒頭の、〈その晩は一升ばかり飲んだ。〉につながるのである。こちらが催促するわけでもないのに、向こうで勝手に酒を持って来る。だから、それを飲むうちに、一升になった……。まるで、飲んでやったといわんばかり。いや、そうではないにしても、この、どこかとぼけた言い草が、なんとも愉快です。

宿の手配までばっちりこなした出版社は、旅にあたって、〈かなり厚い札束〉を手渡したという。そこで酒豪、吉田健一は、〈一ヶ月でも二ヶ月でもという気になった

ものだから〉京都でも飲みに飲んで、金をばらまいた。ご本人いわく〈札束の方はその間にどんどん減って行ったらしい〉。

これも、他人事めいて、いっそ、愉快。

山口県は岩国に、河上徹太郎を訪ねる予定にしていたから、駅まで行って切符を買うことにした。そこで、〈酔いが覚めた〉。

金がないのである。汽車の切符を買ったらなにほども残らない。宿屋の支払は出版社がやってくれるにしても、これでは心もとないって、宿は版元持ちかい！／と、羨ましくなるのが人情でしょう。

岩国では河上氏の世話になるにしても、〈一文なしでは居候も同様〉。かくなるうえはと、東京へ電報をうちまくる。つまり、金を送れという電報である。

そして、ひとまず、岩国までの汽車に乗る。車中では、金がない。電報を三社に打って金の無心をしたが、その為替が、岩国に届くかどうか、確証はない。汽車が駅に停まるたび、何か買うにしても、金のないことが身に染みる。とはいっても、京都での散財を反省などしない。後悔もしていない。吉田健一は振り返らない人なのだ。

ただし、先行きの心配は、心を苛《さいな》むのだ。岩国から河上家までの車代を残すか、それともビールを飲むか。広島駅で、悶絶し、結局のところ、ビールを買うのである。

買ってしまうんですな。ああ、金がない、どうしようと思っているのに、買ってしまうのですな。読んでいる筆者の胸もシクシクと痛むわけですが、買ってしまうその理由が、この随筆の愉快さのピークであるかもしれない。いわく、

ビールを飲めば元気が出るだろうと思って、買うことにした。

つまり、富めるときも貧しきときも、酒を我慢する選択肢は存在しないということ。多くの飲兵衛さんが、ワカルワカルと頷くのではないだろうか。

しかし、蕎麦やへ入ったからには、一本の酒もののまずに出て来ることは、先ずないといってよい。のまぬくらいなら、蕎麦やへは入らぬ。

池波正太郎

『散歩のとき何か食べたくなって』（新潮文庫）所収「藪二店」より

池波正太郎（いけなみ・しょうたろう）　小説家。一九二三〜一九九〇年。時代小説の大家。『鬼平犯科帳』『剣客商売』『仕掛人・藤枝梅安』の三大シリーズは、今も高い人気を維持している。大正期の東京下町に生まれ、早くから社会でもまれた経験も持ち、食通としても広く知られた。

蕎麦屋を語るそのときに、どこぞの店のナニ蕎麦がうまいだのナンだのと、そういうことは最初には言わない。まず、蕎麦屋というのは酒を飲むところなのだと、そう言い切ってしまう。

蕎麦屋で飲むのが好きな人には、まこと痛快なひと言ですな。浅草生まれの池波正太郎は少年時代、曾祖母に連れられてよく蕎麦屋へ行ったという。曾祖母が頼むのは天ぷらなどの種物《たねもの》で、自身はゆっくりと酒を飲んだらしい。

男と女が、男と男が待ち合せる場所も、蕎麦やが便利だった。そして、どこの蕎麦やも、土間の椅子《いす》席の向こうに、入れこみの畳敷きがあり、一つ一つの席が衝立《ついたて》で仕切られてい、蕎麦の香りが店内にたちこめていたものだ。

池波少年は父親にもよく蕎麦屋へ連れていかれた。父は、日暮れに、失意の酒を飲むために、息子を伴ったのだ。そのときよく父は、池之端の「蓮玉庵《れんぎょくあん》」と、浅草・並木の「藪《やぶ》」へ行った。「藪」は、現在も、神田、並木と吾妻橋、浜町などが、人気を集めているが、池波正太郎は長じてからも、並木の藪を愛した。

初冬の、鴨《かも》なんばんが出はじめるころの、平日の午後の浅草へ行き、ちょっと客足の絶えた時間の、並木の〔藪〕の入れ込みへすわって、ゆっくりと酒をのむ気分はたまらなくよい。

冒頭の言葉を収めたエッセイ集には、「神田・連雀町《れんじやく》」という一篇もある。あんこう鍋の「いせ源《げん》」、鶏すきの「ぼたん」、蕎麦の「藪」、甘味の「竹むら」などの一角は東京大空襲の際にも焼けなかったから、今も昔のままのたたずまいを残しているが、このあたりには古い洋食屋なども残っていて、池波正太郎は大いに気に入っていたようなのである。

戦前、「藪」で待ち合わせて少し飲み、顔がそろうと「ぼたん」、それから「竹むら」へと、仲間と一緒に飲み歩いたという。そんな池波が五十代となって、こう書いている。

以前から私の大晦日は、しごく、のんびりとしたもので、それまではいそがしくはたらき、年が明ければ元旦から仕事にかかるのを当然とする生活がつづいているが、大晦日だけは、ぶらりと外へ出て、映画のひとつも見て、どこかで年越しの蕎麦を食べ、ゆっくりと、酒をのむのがならわしとなってしまった。

そして、池波は、近頃の大晦日はよく神田へ行くと書いた後で、こう続ける。

> 私は連雀町の表通りにある蕎麦屋〔まつや〕へ入ることにしている。
> 　ここの店構えも、蕎麦も、むかしの東京をしのばせるにじゅうぶんなのだ。

「まつや」のどこが気に入っているのか。どんな飲み方をしているのか。つまみは何か。いっさい語らないのに、大晦日、ゆったりと蕎麦屋酒を楽しむ、江戸っ子の風情というものが伝わってくる。

　酒の燗の付け具合のあれこれを言わないどころか、銘柄も書かない。けれど、ああ、うまいな、と太く息をつきながら声にならないつぶやきをもらす姿が、見えてくるようでもある。

世には、心得《こころえ》ぬ事の多きなり。とも有《あ》る毎《ごと》には、まづ酒を勧《すす》めて、強《し》ひ飲ませたるを興《きょう》とする事、いかなる故《ゆゑ》とも心得ず。

兼好

『徒然草』（島内裕子校訂・訳　ちくま学芸文庫）

兼好（けんこう）　鎌倉時代末期から南北朝時代にかけての人。『枕草子』『方丈記』と並ぶ日本三大随筆のひとつとされる『徒然草』を著したため随筆家と思われるが、官人であり、出家、遁世してからは兼好法師と言われた歌人でもあった。「吉田兼好」という呼び名は、江戸時代に流布した通称。

世の中ではわけのわからないことが実に多い。なにかあればそのたびに、ひとまずは酒を勧め、強制的に酒を飲ませることをおもしろがるのは、いかなる理由ありといえども、わけがわからない。

『徒然草』第百七十五段の冒頭のひと言。怒り心頭の文言かと思われるが、この部分、酒浸りの諸兄姉におかれましては、紙に書き写し、壁に貼り付けるべきかもしれぬと、思われもするので、あえて、引用しましょう。酒は飲め飲め、飲むならば、の真逆が、兼好法師のいいたいこと。飲みたくもない酒を勧められる人の立場での発言です。

飲む人の顔、いと堪《た》へ難《がた》げに眉を顰《ひそ》め、人目《ひとめ》を測《はか》りて捨てんとし、逃げんとするを、補《とら》へて引き留《とど》めて、漫《すず》ろに飲ませつれば、麗《うるは》しき人も、忽《たちま》ち狂人《きやうじん》と成《な》りて烏滸《をこ》がましく、息災《そくさい》なる人も、目の前《まへ》に大事の病者《びやうじや》となりて、前後《ぜんご》も知らず、倒《たふ》れ伏《ふ》す。祝《いは》ふべき日などは、あさましかりぬべし。明《あ》くる日まで、頭《かしら》痛く、物食《く》はず、呻吟《によ》ひ臥《ふ》し、生《しやう》を隔てる様《やう》にして、昨日《きのふ》の事、覚えず、公《おほやけ》・私《わたくし》の大事を欠《か》きて、煩《わづら》ひとなる。人をして、かかる目を見する事、慈悲も無《な》く、礼儀にも背《そむ》けり。

無理やり飲まされた人の、哀しい酔態を、兼好法師は簡潔な言葉にしている。酔わされて、麗しき人は狂人となり、元気な人もたちまち病人みたいになって、前後不覚、ばたりと倒れて目を覚まさぬ。

翌日は頭ガンガン、食欲まったくなく、二日酔いに臥し、あれ？　昨日はどうだったのかと思い返すも、まるで前世のことであるかのように何も浮かばず、仕事でも、プライベートでも、大事なことをできずに、それが困ったこととなる。

兼好法師、叱っていますな。酒を飲みすぎる人を、ではなく、飲ませる人とか、その風潮を毛嫌いしているようでもある。

けれど、この文章を初めて読んで、多くの人がハッと気づくであろうことがひとつある。兼好は、泥酔と二日酔いに、けっこう、詳しいじゃないか。いや、これほど端的に言葉にできるということは、飲みすぎてひどい酔い方をし、二日酔いでひーひー言いながらぬるい茶ばかり啜りつつ、公・私の大事を欠いた経験が、割と豊富なのではないか。そんな気がするほどに、言葉は的確である。とくに、呻吟《によ》ひ臥し、というような言葉を見ると、まだ、酒の匂いをぷんぷんさせている酔漢の姿が見えてくるような気がするのだ。これは、酒が大嫌いで、いっさい飲まないという人の言葉ではなく、飲めば酔うし、度を越せば大いに悔やまれることになることを、自ら知る人の言葉として受け止めると、すっと腹に落ちるというものである。

というのも、兼好法師は、この後にも、思慮深そうな男が酔っぱらってべらべらしゃべり、顔をまるごと見せて笑う女が、酒肴を人の口にもっていったり、自らもそれを食う男など列挙して、そのザマはなんだと、怒るのであるが、一方で、論調をあっけなくひっくり返したりもするのである。

かく疎《うと》ましと思ふ物なれど、自《おの》づから捨てがたき折《をり》も有《あ》るべし。月の夜《よ》、雪の朝《あした》、花の下《もと》にても、心長閑《のどか》に物語して、盃出《さかづきい》だしたる、万《よろづ》の興《きよう》を添《そ》ふる業《わざ》なり。徒然《つれづれ》なる日、思ひの外《ほか》に、友の入《い》り来《き》て、執《と》り行《おこな》ひたるも、心慰《なぐさ》む。

おいおいおい。雪見と称して朝酒はするわ、桜の季節は当然花見酒で、秋の夜長は月を見ながら一献傾け、ひとりポツネンと思案にくれた夕間暮れ、友人がふらりと来たら、やあやあ、ゆっくりしていってくれと酒を酌み交わす。これ、寒けりゃ飲む、暑けりゃ飲む、仕事がうまくいってもいかなくても飲むという、筆者のような酒浸りが宣《のたま》うことと、あまり変わるところがない。

兼好法師。つれづれなる日々を慰む酒が好きだが、宴会はちょっ苦手……。そういう理解でよろしいのか、どうか。

軽い脳震盪の頭が、やがて流れに冷やされると、ビルとビルの間の夜空のような遠さに、鎌倉の星月夜が見えてきた。
「ははア、落っこちたんだな」

永井龍男

『永井龍男全集　十一巻』(講談社)所収「酒徒交伝」より

永井龍男(ながい・たつお)　小説家。一九〇四～一九九〇年。十六歳で書いた『活版屋の話』が菊池寛に注目される。文藝春秋社『オール讀物』編集長などを経て作家に。『一個その他』で野間文芸賞、日本芸術院賞を、『秋』で川端康成文学賞を受賞。後に、文化勲章受章。短編小説の名手であり、俳句、随筆なども多数残した。

場所は、鎌倉。鶴岡八幡宮に沿った、〈深いきっ立ての溝の中〉。垂直に落ち込んでいる深い溝の中、ということだろう。なぜ、そこへ落ちたかというと、酔っていたからだ。そして、落ちたのが、作家、永井龍男。この晩、同じく鎌倉に住む小林秀雄らに、東京から帰る横須賀線の終電車の車中で出会った永井は、駅へ着いてから、もう一杯やることになった。

相当に酔いしれた小林が激論に入るのを避けるため、永井は小林を連れ出して、ふたりで帰路につく。そのときまで、〈酔っていない自信という奴が、私にはあったのだ〉。

このエピソードはいつのことか。文章によれば、湯川秀樹と小林秀雄の対談が『新潮』に掲載されてから間もなくのことだという。調べると、対談の掲載は昭和二十三年であり、この対談を収録した単行本まで購入して、熱心に読んだ後だったというから、翌年か、そのまた次の年、くらいのことだろうか（ちなみに「酒徒交伝」の連載開始は昭和三十年）。

鎌倉駅からの帰り道。永井は小林に、〈「エントロピーって、どういうことなんだ」〉と問う。それに対して小林は〈「エントロピーってなア……」〉と言って、それきり黙ってしまう。

それでも小林は、酔った頭でなんとか平易な説明をしようとする。その気持ちがわかる永井は、〈なんとか頭の中へ入れようとすると、ひとりでに小林さんの体に寄り添う形になる〉のであって、〈酔っている頭が、アドバルーンのように、フラついていたのであろう〉という状態で、鶴岡八幡宮の脇の、深い溝の縁近くをフラついている。若い頃のこととはいえ、日本文壇の重鎮ふたりがエントロピーについて言葉を探しつつ戯れている。それだけでも、かなりおもしろい。

「平面へ平面へと、移動するエネルギーの法則だがね」
「うん、うん」

ここで、落ちるのだ。永井は言う。〈「落っこっちゃった」〉。そして、小林の手を頼りに這い上がる。小林は、永井に言う。

「つまりな、これがエントロピーの法則だな」

ちゃんとオチがついているところが、なんともニクイのである。

ところで、永井龍男には、「そばやまで」という短編がある。戦後、親子四人で鎌倉の借家住まいをしていた時期のこと。住まいのことで、ほとほと困っていたが、大家の好意で仕事場にできるひと部屋を借りることができた。筆一本で生きていこうとしていた頃ということなので、年譜などから想像するに、昭和二十年代の前半と思われる。借りた部屋で好きな時に寝て、好きな時に起きる。そうして机に向かう。家から炭や弁当を持ち込むのも自由になってきた。

仕事の終わるころには、鉄瓶の湯の沸くように計っておき、宵《よい》のうちに届いた弁当を開いて、一升瓶の酒を燗《かん》徳利にうつし、ただ一人深夜の猪口《ちょこ》をたのしむ術《すべ》も覚えた。

酔いが廻ると、誰はばからず独り言をいう癖もついた。

炭の熾きた火鉢に鉄瓶をかけ、そこに徳利を入れて燗をつける。さて、弁当の菜はなんだろう。野菜と生揚げの煮つけとか、イワシの梅煮とか、あるいはぬか漬けでもあれば酒肴としては万全。なんとも、うまそうで、穏やかな、深夜のひとり酒だ。

不思議に思えるのは、火鉢を前にした深夜の酒と、エントロピーの酒とが、ほぼ同じ時期の、同じ人の酒であるという点。酔態二景、実に赴きが深い。

しまいには、酒のことを考えるのも苦痛になってきた。

柳家小三治

『落語家論』（ちくま文庫）所収「拒絶反応」より

柳家小三治（やなぎや・こさんじ）落語家。一九三九年〜。人間国宝。高校時代から落語を始め、一九五九年、柳家小さんに入門。六九年、真打昇進、十代目小三治を襲名。古典落語の名手として寄席をはじめ、独演会で人気を博す。『ま・く・ら』（講談社）などの著作も版を重ねる著作のひとつ。

吉田兼好と並んで、酒が好きなんだか、嫌いなんだか、よくわからない人に、柳家小三治がいる。名人です、この人は。人間国宝。改めて言うまでもないことだが、現在、右に出るものはいないんじゃないか、と言って、オレもそう思うと多くの人の賛同を受けられる噺家でしょう。

この師匠、あまり飲まないらしい。というより、酒は飲まないんだ、と公言しているようなところがあります。冒頭の言葉も、酒についてのエッセイに出て来る一行だが、この短文のタイトルが「拒絶反応」。若い頃から、どうにも酒との相性はよくなかったらしい。

噺家になってみたら、酒でダメになった噺家の話を聞かされたり、現実にまのあたりにそんな人たちを何人も見たりして、これはよほど気をつけないと、オレは崩れると止まらないタチだから危ないゾ、と空恐ろしくなった。

そういう若者の例にもれず、酒が怖い。心を許せない。飲みすぎて正体不明になったらどうすんだ、という意識が働き、それが本人をより萎縮させる。そして、宴会で恥をかいて余計に拒絶反応が強くなった挙句、冒頭のひと言が出たわけだ。師匠は続けてこう記す。

何がいやだといって、宴会で酒を差されることほどいやなことはない。それしか飲めないってことはないでしょうとか、まァまァ駆けつけ三杯とか、それみんなあけちまってとか、果てはオレの杯は受けとれねぇというのかい、なんてのまで出てきたんじゃ、酒をのみたくなんか、とてもじゃないがならなかった。

けれど、飲みに出かける師匠からも誘われないのはまずい。やはり飲めるようにならなくてはと思うにいたって、〈ますます酒が苦痛になっていった〉のである。

と、ここまでであれば、小三治師匠は酒嫌い、ということで話はすんでしまうのだが、実はそう言い切れないらしいのだ。先の「拒絶反応」の次の文のタイトルは『幻の酒』。師匠の四十代のことと思われるが、いただきものの、純米酒を飲んだ。一九三九年生まれの師匠の四十五歳は、一九八四年。今から三十五年前ということになる。日本酒の等級は特急、一級、二級と分かれていて、今のように、純米酒とか、吟醸酒など、原料やその仕込み方で区別されていた時代ではない。つまり、その当時は、醸造用のアルコールや糖分などを混ぜて度数や味わいを調整し、量もかせぐような清酒が幅を利かせていた時代といっていい。

そのときの純米酒が、酒のことを考えるのも苦痛になっていた師匠を驚かす。

「うまいなァ」思わず声に出た。（中略）これなら好きなんだよォ。

しかし、このいただきもの、どこにも売っていない。師匠はとうとう、酒蔵まで訪ねていく。そして、糖類を加えず、米も半分以上磨いた酒であることを蔵元から聞く。今でいう、純米大吟醸ということだろう。

これ以降というもの、機会を探り出しては、方々の造り酒屋さんを訪ねるのが趣味のようになってしまった。

酒が苦痛だと悲鳴を上げていた同じ人が、ややあって、某酒を評して〈二重まるを付けて特筆すべきは、酔い心地がすこぶる良いのである〉と書く。

ボクぁ、酒なんてものは大嫌いですよ——。なんか言っていた人がコロッと変わる。それも、酒の魅力ということでしょうか——。

うまい蝦蛄《しやこ》食いにいきましょうとメザキさんに言われて、ついていった。

川上弘美

『溺レる』（文春文庫）所収「さやさや」より

川上弘美（かわかみ・ひろみ）　小説家。一九五八年〜。東京生まれ。九六年『蛇を踏む』で芥川賞、二〇〇〇年『溺レる』で伊藤整文学賞、女流文学賞、〇一年『センセイの鞄』で谷崎潤一郎賞、〇七年『真鶴』で芸術選奨文部大臣賞、一五年『水声』で読売文学賞を受賞。小説、エッセイを含め、多数の著書がある。

「さやさや」という短編小説の最初の一行。簡潔で、テンポよく、ほれぼれするような文章と思って抜粋した。この後、こう続くのです。

> えびみたいな虫みたいな色も冴えない、そういう食べ物だと思っていたが、連れていかれた店の蝦蛄がめっぽう美味だった。殻のついたままの蝦蛄をさっとゆがいて、殻つきのまま供す。熱い熱いと言いながら殻を剝いて、ほの甘い身を醬油もつけずに食べる。

うまそうなんですな。実にうまそう。蝦蛄は、初めて食べる人には、殻を剝くのが難しい食べ物であり、熱々のうちに白い肉をむさぼるには、ちょっとした熟練を要する。少なくとも、手元から目を離さずに殻を剝き続けなければ熱々のうまいところを口にはできないから、連れ立っていけば、会話も上の空になりかねない。けれど、ここが、小説の魅力にもなってくる。メザキさんとサクラという語り手は、蝦蛄を剝きながら、なまたまごの搔き方だの、殻に穴をあけてそこから吸うかどうかなど話し合い、そうしながらも目は蝦蛄に注いだまま集中して食べるうち、〈蝦蛄の殻がうずたかくなり、〉（中略）〈すると空の徳利が何本も立っていた〉のである。

一組の、まだそれほど親しくもない男女が蝦蛄の殻を剝くことと、それを食うことに集中する。その間に、すっかり酒が回っていく。なぜ、飲むか。酒は何のために必要か、そういうことは、ひと言も書かれない。ふとしたことで、人は酔う。酒が回る。そのわずかな時間の流れが、見事に捉えられている。
同じ短編集の中の「七面鳥が」という作品に出てくるハシバさんという男と、トキコさんという語り手は、深い仲になりそうでいて、まだ、ならないが、ときどき、酒を飲み、やはり、潔く、酔っていく。

ハシバさんとわたしはめざしを嚙み、ホルモン焼きを嚙み、漬物の胡瓜や大根を嚙み、いくらでも杯を重ねた。珍しくハシバさんも酔ってきていた。

嚙むという単純な行為が酒を飲むテンポをつくっている。そして、やはり、うまそうなのだ。
作品に出てくる酒肴がシブいところも、川上作品の特徴であり、魅力だろう。『センセイの鞄』の冒頭では、居酒屋で居合わせた語り手のツキコとセンセイが、図らずも、まぐろ納豆、蓮根《れんこん》のきんぴら、塩らっきょうを頼む。極上の寒ブリとか、絶品の〆サバとかでなく、まぐろ納豆であり、ほかに、甘辛と酸味の小鉢を添える。それだけなのだが、これも、実にうまそうだし、よくよく考えてみると、きんぴらのうまい店は、とても大事だろう。

夕方早く、開店前の店にたどりついたツキコに、馴染みの店の主人は、ビールと栓抜きと、手塩皿にのせた味噌を出す。ツキコは、ビールの栓を自分で抜く。

ビールが体の中を下りていった。しばらくたつと、下りていった道すじがほんのりとあたたまる。味噌をひとなめ。麦味噌だ。

初冬の早い夕刻、麦味噌をなめながらのビール。これだけで申し分なし、という気にさせるから不思議だ。

この小説の最後のほうでは、アルマイトの鍋で湯豆腐をつくる。それは、〈鱈《たら》も春菊も入っている湯豆腐だった〉。

こうして、酒と肴の出るシーンばかりを並べるのもどうかと思うが、川上作品の酒シーンは、それだけで、おいしい肴になってしまう。それはどこか、小津映画の飲みシーンが、やたらと印象深いのに、ちょっと似ているかもしれない。

東野さんのロレツの怪しくなった酔いの演技は素晴らしく、あの「秋刀魚の味」の中での圧巻であった。

中村伸郎

『永くもがなの酒びたり』（早川書房）所収「東野英治郎さんと私」より

中村伸郎（なかむら・のぶお）俳優。一九〇八〜一九九一年。開成中学卒業後、画家を目指すが、後に俳優に転身。文学座、演劇集団・円などを結成、牽引するなど日本演劇界の重鎮だった。舞台、映画、テレビの出演作品は多岐多数におよび、エッセイストとしても健筆を揮った。

小津安二郎の映画における男優といえば、笠智衆《りゅうちしゅう》と並んで多くの人の印象に深く残っているのが、この、中村伸郎だろう。テレビドラマ『白い巨塔』で、田宮二郎演じる財前五郎の指導者である、東《あずま》教授を演じた人、といえば、ああ、あの人か、とわかる人も多いかもしれない。

あのドラマの放送開始は一九七八年ということなので、中村伸郎はちょうど七十歳。引退を目前にした老教授そのもののシブさを醸し出していた。

ところで、冒頭の言葉は、実はそれより十六〜十七年前の、一九六一〜六二年あたりのことを回顧したエッセイの中の一文である。

小津安二郎の最後の作品となった『秋刀魚の味』の公開は一九六二年。笠智衆、岩下志麻、東野英治郎、佐多啓二、杉村春子、そして中村伸郎らが出演しているのだが、笠演じる平山は会社の管理職ふうで、親友の、中村演じる河合は、別の会社の重役級と思しき人物。中学の同級生である彼らは、恩師を囲んで一杯やろうということになるのだが、このとき招かれる、かつての先生を、東野英治郎が演じている。その撮影のときのエピソードを開陳しているのが、この本の中の、「東野英治郎さんと私」というタイトルのエッセイなのである。

もう一度映画のシーンに戻るが、恩師を囲んだ宴席でのこと。元教師は、戦後はうらぶれて、小さなラーメン屋さんの親父になっている。うまい酒肴にも、上等なウイスキーにも無縁の生活。戦後、世の中はがらりと様変わりし、かつての教え子たちはみんな立派になっている。平山と河合は五十代の壮年期。立派な身なりで、河合などは、行き帰りにも社の車を回しているくらいだから、かなりの成功者である。実際、この映画の撮影が一九六一年だったとして、一九〇八年生まれの中村は五十三歳、同〇四年生まれの笠は五十七歳で、河合、平山という役の年齢にもぴったりと合致するかのようである。

ここで、七十代のラーメン屋の親父を演じているのが東野英治郎（中村よりひとつ年長の一九〇七年生まれ）だ。老いた教師は卑屈になって、かつての教え子を河合さん平山さんと、さん付けで呼ぶ。しかし、酒が回るとひどく酔い、酔う前とは打って変わって「ヒラヤマー！」と怒鳴る。家に帰れば、店でお運びをする娘（杉村春子）に、「ビール！」と怒鳴る。父の面倒を見るうちに婚期を逃したという娘は、あまりの情けなさに、泣き出してしまう。このときの、東野英治郎の演技が、圧巻だったと中村伸郎は回顧し、実は、と、裏話を披露するのだ。

小津さんの演出はテストの初めから本番そのままの、本もののウイスキイ・オンザロックや生まま雲丹を用意して、その飲み方、食べ方の演技指導が細かかった。酒好きの私などは大いに喜んで、テストの始終、飲み食いしたが、気が付いてみたら東野さんは真赤に酔いが廻り、ロレツも本当に怪しくなっていた。（中略）小津さんはそんな本当の酔いを撮りたかったので、すっかりお気に入ってカメラを廻しておられた。

たしかに、あの映画の東野英治郎はすごかった。酔いが滲み出すというレベルではなく、眼付き、顔色、声の響きに、酒精が噴出するような、見事な酔いだった。その抜群の演技の背後に、お酒のあまり得意でないことを承知の上で、実際に飲ませた監督のちょっとしたいたずら好きの一面も見えるようだし、いやなによりもそれを正面から受けとめた俳優の正直さに惚れてしまう。

酒が得意であった中村伸郎は、しみじみと『秋刀魚の味』の頃を思い返しつつ、飲み手として、いい句も残している。

人肌の燗酒がよき秋刀魚かな
酔うほどに湯豆腐箸を逃ぐるかな

飲みすぎし寝酒に枕たぐりけり

ちなみに本書の書名も俳句の一部。熱燗や、という上の句をつけると完成だ。

熱燗や永くもがなの酒びたり

お母さん、昔はね、毎晩これ（一升瓶）一本飲んでたよ

樋口東洋子

甲府「くさ笛」女将

甲府の中心地から少しばかり路地へ入ったところに、飲み屋小路「オリンピック通り」がある。前回の東京オリンピックの開催の年にできたからこの名がついた。ということはこの小路は一九六四（昭和三十九）年からあるわけだが、そこに、一軒の縄暖簾《のれん》がある。

「くさ笛」という飲み屋さん。カウンターが一本だけの店ながら、連日、賑わう。筆者がここを知ったのはもう十年以上前のことだと思う。初めて暖簾をくぐって、虜になった。和服に割烹着の、素敵な女将さんに迎えられたのだ。

樋口東洋子さん。前回の東京オリンピックの年（一九六四年）から店を切り盛りしている。しかし、いつ見ても若い。潑剌としている。割烹着の袖から覗く手が白く、ぴちぴちしている。春にも秋にもご自宅近くの山に入って、春には山菜、秋にはキノコを、たっぷりと採ってくる。そうして、収穫物を店にどっさり運び込んで、抜群の酒肴をこしらえてくれるのである。

夕方。開店直後にがらりと扉を開けると、

「早いじゃん」

八時、九時になってから扉を開けると、

「遅いじゃん」

そう言って、にこりと笑う。忙しく酒肴をつくる女将さんを眺めながらしばし飲む。女将さんの手が空いたら、こちらからも一献、差し上げる。

「おいしいもの食べて、お酒飲んでいるのが、最高じゃんね」

甲州弁がなんとも可愛らしい。飲みっぷりは今もたいしたもので、おいしそうに、楽しそうに、酒を飲む。甲州の地酒を置いているが、女将さんは昔ながらの「高清水」（これは秋田の酒）が好き。

「お母さん、昔はね、……」

そう、冒頭の、毎晩一升飲んだという話が出たのだ。小柄な女性である。細腕である。その女性が、毎晩一升と聞いて、見かけによらぬ男勝りと、舌を巻いた。

甲府から東京方面の特急と各駅停車の最終便の時刻を頭に入れて、ぎりぎりまで飲むのが、「くさ笛」へ行ったときの習わし。最後は歩いても遠くない甲府駅までタクシーを飛ばす。それくらいまで、ねばる。

酒は楽しく飲まなくては嘘だ――。

女将さんを見ていて、通ってくる常連さんたちを見ていて、そう思う。来年（二〇二〇年）、女将さんと店は、二度目の東京オリンピックを迎える。筆者は、五輪開催中に甲府へ出かけてお祝いを言いたいと思う。その日を、今から楽しみにしているのだ。

何んだ、汚ねえ部屋だな、座敷はないのか、座敷は、と卓袱台の前に坐って、はじめて女中さんの顔を見たが、どんな顔をしていたか覚えていない。

小林秀雄

『栗の樹』（講談社文芸文庫）所収「失敗」より

小林秀雄（こばやし・ひでお）　文芸評論家。一九〇二～一九八三年。『様々なる意匠』『ドストエフスキイの生活』『無常といふ事』『モオツァルト』『考えるヒント』『本居宣長』など評論の傑作を残す。フランス象徴詩から西洋の音楽や美術、国学にいたるまで、広範で深い考察をした。

文芸評論家、小林秀雄の文章である。口ぶりが、ずいぶんと乱暴です。「様子の変わった小料理屋」という文章を「失敗」という表題に変えたもので、酒の失敗の話をと求められ、〈近頃の割合に穏健な失敗〉として書いたという。発表は一九三六（昭和十一）年ということなので、著者は三十四歳。

飲み盛りといえば、飲み盛りでありましょうが、どうやら、この人の飲み方は、かなり激しいものであったようです。

鎌倉の駅前の小料理屋は、東京から帰ってくる酔っ払いを待っているということで、酔漢はその女将さんにからむ。いわく〈おい、なんでえ、おでん屋の癖にいつも湯豆腐ばっかし食わせやがって〉。

いくら江戸っ子でべらんめえだったとしても、深夜、湯豆腐が出れば御の字と思うべきところ。気の弱い筆者などはそう思いますが、そこは日本文壇の大御所だ。遠慮がありませんやね。

そういう態度だから、店のほうでも歓迎するわけもなく、実は待ってやしない。ひどい酔い方のこの客を、「終電車」と呼んで、できれば避けたいと思っているフシがあるのだ。

で、とある晩のこと。東京から遅い列車で帰って来て、さらに小料理で飲んで、さて、店を出たのは、午前二時くらいのことか。連れ合いは従弟、この人もへべれけである。

そこで、オレに任せろと、覚えのある待合へ向かうが、起きないし、いつも超えていく門を超える勇気も出ないほど酔っているので、また別の店もあろうかと、どこぞの勝手口をどんどん叩いて、木戸が開いたらすぐさまその家へ上がり込んだ。

それがどうやら、茶の間らしいのだが、なにしろ酔っていて、よくわからない。と、ここで、出たのが冒頭の言葉。

汚ねえ部屋だな、は、いくらなんでもなご挨拶だ。しかしながら、酔漢ふたりはお構いなしで、遅くなってすまねえ、つまみなんざ要らねえから酒を頼むよ、かなんか言って、まだ飲むというのだから、なかなかの酒豪ぶり。

けれど、あれ、おかしいぞ、と、思いつく。女中と書生と思っていたふたりが、さて、本当にそうか、と、思えてくる。

念の為に、こゝは待合さんなんだろうねときくと、冗談じゃない、私達は別荘の留守をしているのだと言う。これには驚いた。

驚いたのは、深夜二時過ぎにたたき起こされ、怒鳴られて酒まで出した、お留守番のふたりのほうだ。さすがに酔漢もここは素直に謝ることにしたらしい。

そうして、翌日改めてお詫びに伺うつもりでいたが、さて、どこだったかが、わからない。どうやって家に着いたか、それも定かでないほどで、酔って、思いつくまま勝手口を叩いたという記憶があるだけで、どの家であったか、辿りなおすことできない。

相手はその後も、狭い土地の行き来の中で、自分を見ているかもしれないが、こっちでは、どこの家だか、手がかりがない。

さて、どうしたか。

すぱっと諦めるのである。いわく、

致し方ない事である。

恥ずかしいとか申し訳ないとか、言わないところが、またシブい。

ごく強火で、手早く焼いて、醬油と七味唐辛子で食べると、なかから、あつあつの芯が飛び出してきて、舌を焼く。俗に言う鉄砲というやつである。

神吉拓郎

『たべもの芳名録』（ちくま文庫）所収「葱肥えた」より

神吉拓郎（かんき・たくろう）　放送作家、小説家、俳人、随筆家。一九二八〜一九九四年。放送台本、雑誌コラムから小説の世界へ転じ、「私生活」で直木賞。短編の名手であると同時に、エッセイを書き、俳句を詠んだ。都会人の繊細な視線と趣味人としての穏やかで平穏な筆致が魅力。

都会派の小説家と言われた作家は、食べ物について、味わい深いエッセイの数々を残している。先の言葉は、食べ物エッセイのみを集めた一冊に収められた「葱肥えたり」からの抜粋だ。

東京生まれの作家は、葱というと、白い、太い葱を好む。関西の青い葱も好きだが、どうしても馴染みが薄い。

太くして、しっかりした葱。たとえば、深谷とか下仁田とか、そういうところの目にも鮮やかでずっしりとした重量感のある、そんな、関東名物の葱を想像すればいいのだろうか。

それを、三センチか四センチか。それくらいの長さにざくっと切る。フライパンに油を引いて熱しておいて、先の一文のように焼く。

塩でもうまいと思うけれど、作家の言うとおり、醬油と七味を想像すると、醬油がふわりと香り、七味からも辛味と一緒に山椒がプンと香ってくるようで、ここは醬油と七味に軍配を上げたい。そのあつあつの白い葱の腹に歯を立てると、挟まれた筒状の皮の中からにゅっと芯で出てするりと口に入り込み、その熱いこと、熱いこと。

これが俗に葱鉄砲と呼ばれているということらしいが、言われてみれば、熱々の芯が口に飛び込んできて喉を焼く、という具合になると、まさに鉄砲かもしれない。

続けて著者、こんな食べ方も紹介する。

細かく刻んだ水々しいやつと、ふわふわにかいた鰹節を合わせて、炊き立てのご飯に乗せて、醬油を落として食べる。〔中略〕うちうちで、〔ネギカツ〕と称するのだが、ウマ過ぎて、ついご飯を食べ過ぎる恐れがある。

先の葱を焼いただけのものも、この、カツブシと合わせて醬油を垂らしただけのものも、ビール、焼酎、日本酒の相手として、十分にうまい。作家は、実はあまり酒を飲まないということなのだけれど、飯に合うものが酒に合うのは必定で、この作家の食味エッセイを読んでいると、飲兵衛の多くは無性に酒を飲みたくなるのではないか。

たとえば、湯豆腐の良さというものを考えて、〈まず、湯気がある〉と書く。湯豆腐の湯気は他の鍋と違って〈淡く、柔らかな湯気〉であって、豆腐が煮えていくときの音は〈谷を渡る風かもしれない〉とたとえ、その色を〈豆腐の白の簡潔〉と表現する。

加えて、味の心配がいらない。豆腐も、昆布ダシも、醤油も、すべて出来た味である。（中略）昆布の引き上げどきと、豆腐の煮え加減だけに留意すれば、万事は足る。

火にかけた鍋を前に、豆腐が煮えるのを待つ間、蕎麦猪口くらいの器に、醤油、カツブシ、青葱を入れ、酢か酒を少し加える。鍋の中の豆腐が、勝手に、ふわりと姿勢を変えるのを、見逃さぬよう目を離さず、手元の酒を口に運ぶ――。

そういう光景が、文章の背後から、見えてきてしまうから、たまったものではない。夜、少し遅くに帰宅して、何気なくこの作家のエッセイを読むと、我が家にはなんぞ、酒のアテとなるものはなかったかと、いそいそと、冷蔵庫の扉を開けることにもなりかねない。

刺すような大蒜《にんにく》の匂いまでする桃色と白のハム
それさえあるに念入りに、彼女はビールまで注いだ、
大ジョッキ、夕日を受けて金色《きんいろ》に泡の立つこと。

アルチュール・ランボー
『ランボー詩集』堀口大學訳（新潮文庫）

アルチュール・ランボー　詩人。一八五四〜一八九一年。フランス、シャルルヴィル生まれ。十五歳から文学活動を開始し、十九歳でそれを終える。漂泊の人。フランス現代詩人のみならず、世界の文学者に多大な影響を及ぼした早世の詩人の作品は、今も、鮮烈な印象を残して読者を揺さぶる。

新潮文庫の『ランボー詩集』は、鑑賞ノート、略年表、あとがきなど含めても、二〇〇ページに満たない、ごく薄い本である。が、ここには、鮮烈な言葉の数々がびっしりと詰まっている。

初期詩篇の中の「感触」は、ごく短い詩だ、

夏の夕暮れ青い頃、行《ゆ》こう楽しく小径《こみち》沿い、／麦穂に刺され、草を踏み／夢心地、あなうら爽《さや》に／吹く風に髪なぶらせて！
もの言わず、ものも思わず、／愛のみが心に湧いて、／さすらいの子のごと遠く僕は行く／天地《あめつち》の果てしかけ——女なぞ連れたみたいに満ち足りて。

訳者（堀口大學）による鑑賞ノートによれば、この作品を書いたのはランボー十五歳の年の三月。彼は高校生で、夏の休暇への憧れを詩にしたという。なるほど、希望に満ちて、その後の放浪を予感させる部分があるわけですが、実際、その年の八月の末にパリに出奔、数日間は牢獄につながれたりもする。そして九月の末には生家へ戻った。ところが、それからほどなくして、二度目の出奔。ひとりでベルギーのシャルルロアまで歩いた。そこでの光景を、詩に書いたのが、「「居酒屋みどり」で」である。夕

方に酒場に入り、トーストとハムを頼み、両足を伸ばして寛《くつろ》ぐ。
そこへあの、目もと涼しく乳房《おっぱい》のやけにでっかい別嬪《べっぴん》が
出て来たのだからすばらしい、
——こいつ接吻《せっぷん》くらいではビクともしない剛の者！——
にこにこしながら、註文のトーストと冷えかけのハムとを載せた
はでな絵皿を運んで来た、

これに続くのが、冒頭に引いた、この詩を締めくくる一連。ふたたび鑑賞ノートを参照すると、このあたりに住むフラマン美人は豊満であることで有名とのことである。それはさておき、この早熟な十五歳は、歩きに歩いて、田舎の街の居酒屋、その名もみどりという名の酒場で、トーストとハムを頼むと、眼をみはるほどの別嬪さんがジョッキのビールまでもって現れて、たいへん機嫌がよさそうだ。日がな一日歩いた夕刻。ニンニクの利いたハムと、ベルギーのビールか……。飲兵衛には、まさに垂涎ものだ。

春先には、〈天地《あめつち》の果てしかけ——女なぞ連れたみたいに満ち足りて〉と想像した旅がその年の秋には、現実になっている。そして、全体に満ちる生気と健やかさに感動させられる。

そうなんだよ、青年。そんな底抜けに明るい飲み方こそビールの愉しみ方なんだよなと、百五十年前のフランスの若き詩人に声をかけたくなる。

十九歳のときに筆を折ってしまう天才の作品は、難解なものも多い。しかし、初期の詩の中にはこのように、健康で善意に満ちた作品もある。

疲れ果てた酔っ払いこそ、ときにはこうした言葉に触れて、ああ、そうそう、私もかつてはこうであったことよと、回想の笑みを浮かべながら、おいしい一杯をいただくべきか。少なくとも、そういう夕べは、たいへん健康によいような気もするのです。

いつでも、ここへ来なさい。オレはいつも、ここにいるから

佃島の老人

佃島の老人　男性。今から二十年ほど前、筆者が佃島で会った、おそらく七十歳を越していたと思われる人。

夕暮れだった。日が落ちるのが早すぎもせず、いつまでも西空が明るいという時期でもなかったと記憶する。

その日は半日、佃島界隈を歩いた。月島をぶらぶらとして、さて、もんじゃ焼きを食べたかどうか。それから、石川島の人足寄場跡や、付近の住吉神社などを見て、佃島にかかる赤い欄干の橋の上から、タワーマンションを見上げて、ため息をついたりした。

佃煮の老舗を訪ねると、そこは、なんとも風情のある旧家で、当時はたしか、販売をしている店のそのまた奥が工場になっていて、そこで佃煮をつくっていた。土産に二、三種類を選んで袋につめてもらったが、用事が終わってみると、一杯やる場の見当もつかない。

近所には銭湯も残っているのだが、飲み屋を見つけられない。まだ開けていない店もあったし、営業開始後であっても、いかにも土地の常連さんの店という雰囲気で、ガラリと扉を開ける勇気が出ない。

それで仕方なく、まだ、少しばかり残っている、細い路地のある区画を、無目的に、どちらへ向かうでもなしに、家々の玄関先の鉢植えなどちらちら眺めながら、歩いて行った。

路地は、向きによって、明るさが異なる。日暮れ近く、日が傾くと余計で、二階家の家並みに陽光がさえぎられるところでは、明るいのは空ばかり。それも両側の家の屋根の間から見える空に青さが残るだけで、足元には闇がしのび始めている。

ごく自然に明かりの豊かなほうを選んだのか。ある角を左に曲がると、急に視界が開けた。

ひとりの老人がいた。

私にはただ、後ろ姿が見えているだけだ。椅子に腰かけている。背後からでも男性の老人であることはわかるが、わかるのは、それだけだ。

近づくと、座っているのが、集会所などにあるような、折り畳みの椅子である。老人は少し、顔を上向きにしている。斜め後ろまで行ってみて、視線の先には、ただ、西の空が広がっていた。

空は赤くなりはじめている。雲の縁あたりに、その色が濃い。

「こんにちは」

見ず知らずの人に声をかけることは、日頃は皆無だが、このときの私は自然に声をかけていた。老人の手には、ロング缶と、もう一方の手に、円形のうす箱に六ピースずつ入るチーズのひとつがあった。缶のほうは、サッポロの黒生で、チーズは雪印の、例の三角のチーズだったと記憶する。

「ああ、こんにちは」

老人は、カメラをぶら下げた私を見て、少し表情を緩めた。

「こちらには、長くお住まいなのですか」

「ずっと、この家だよ。このあたりはね。大阪から来た漁師の街だった。うちの先祖は知らないけどね。家康の頃だよ。大阪の佃という村から来た人がこの島で漁をした。だからね。このあたりの人はもともとは関西なんだ」

老人は、私のほうをちらりと見たり、また西の空に眼を戻したりしながら、チーズをかじり、ビールを飲んだ。どうやら、もう、飲み終えるところだったらしい。

私も、黙って、空を見た。私にも、大阪や和歌山に親類がいる。

老人はビールを飲み終え、さてと、と立ち上がって、冒頭のひと言を言った。続けて、

「ああ、週末は本郷へ行くこともあるけどね。まあ、たいてい、ここにいる」

ゆっくりとそれだけ言うと、椅子を畳んだ。

それ以来、老人には会っていないが、日暮れ前に訪ねれば今もきっと会えるのだと、勝手に思い込んでいる。

おい、ちょっと急ごうよ。早く飲まないと、酔いが醒めちまうよ

ある酒豪の兄弟

ある酒豪の兄弟　筆者が、この人は強いなあ、と思う人がいて、その人と、そのお兄様。

酒飲み、とりわけ大酒飲みには、どれくらい飲めるか、あるいは、どれくらい飲んだことがあるかという話がつきまとう。ひとつの存在証明になるということなのか、酒飲みと聞くと、それを問いただささずにはおかぬ、という構えの人もいて、そういう人はおおむね、酒飲みを自負しているから、ややこしい。

ワタクシゴトで恐縮ですが、筆者の場合も、ずいぶん飲む人と思われている。実際にはたいしたことはない。というより、むしろ私は酒には弱いタイプだと思っている。

私のことを酒飲みではなく、酒呑まれだと喝破したのは、なぎら健壱さんだが、まったくもってその通りで、酒は飲んでも飲まれるな、なんていうことを言う人が目の前にいると、ワタクシなどは、どうしたらいいのか、わからない。

それはさておき、酒飲みを自負する人たちの間で、競うわけではないが、どれくらい飲むものなのか、ということが話題になることは少なくない。

作家、芸能人、格闘家、プロ野球選手、ミュージシャン、酒場詩人……。逸話を持っている方は多いと思う。私などでも一人で三升、なんて話を聞いたことがあるし、二升くらいやっつける人も、ごく近しい範囲で知っている。

実際にそういう席に一緒にいると、こっちのほうが途中で意識不明という感じになっているから最後のほうはまるで記憶にないのだが、飲む人は、というより歯止めなく飲める体質の人は、実においしく、しかも楽しそうに飲む。

この、楽しそうに飲むというところがいい。

酒は、無理して飲んでうまいものではないし、何事かから逃れるために酔いの力を借りる、そのために酒を飲む場合も、これは、量を重ねるほど、身体ばかりがくたびれて、しょうもないことになってしまう。

実際、たくさん飲む人の多くは、楽しそうに飲む。事も無げに飲む。

もっともすごいレベルの人たちになると、飲んでいる量を気にしない。いやあ、今日も、もうボトル一本空いちゃうよ、なんてことは決して口にはしない。飲めばボトルは空きますよ、ってなもんで、実にシレっとしている。

こういう人がお相手だったりすると、私なんぞは、その場においてはむしろ下戸に近いから、無理をせず、かといって、いよ、さすが、お強いですねえ、などというバカな合の手も入れず、ただ、おとなしくしているに限ると思っている。それでもまあ、お付き合いくらいはできる。なんとか、朝までならもつか、その程度のお付き合いではあるが……。

ところが、そのレベルの人の中には、まったく太刀打ちできない人たちがいる。太刀打ちしようなんて思わない方が賢明と思わせる人々だ。

　どえらい勢いで飲んだのに、二時間も寝ると、ケロッとしている人たちである。時間をかけて、どれだけ飲めるか、というのはたしかにひとつの尺度だが、日夜飲んでいる人間からすると、あれだけ飲んで、どうして次の朝も早朝から大丈夫であるのか、と、驚かされる飲兵衛のほうが、格上かもしれない。

　それが、冒頭の言葉の兄弟の、弟さんのほうで、私はこの人を知っている。あるとき旅に一緒に出て、朝方まで、相当に飲んだ。翌朝は七時にはホテルの食堂で朝飯。いちおう朝食会場まで行ったけれど、食えない。味噌汁をすすってため息をつく。そのとき、前夜私より飲んでいたその人は、いいテンポで飯を喰い、お代わりし、私に言った。

「どうした？　ため息ばかりついて」

　参りましたね。で、この人から聞いたのだが、飲んでいる最中に、お兄さんから言われたというのが、冒頭のひと言なのだ。

　せっかくふわりと酔ったのに、ぼさっとしてたら醒めちまう……。

　すごいですね。大酒飲みには、こういう苦労もあるのです。南極大陸で皇帝ペンギンと酒を酌み交わすときには、ごく自然な会話なのかもしれません。

隅々まで磨き込まれた店内は、清浄な空気に満たされている。が、不思議にこの時間特有のひんやりした感触がない。どういえばいいのか、空気が充分にウォームアップされている感じなのだ。

成田一徹

『TO THE BAR 日本のBAR74選』（朝日文庫）所収「吉田バー」より

成田一徹（なりた・いってつ）　切り絵作家。一九四九〜二〇一二年。兵庫県神戸市出身。BARの情景を切り絵と短文でつづる仕事がライフワーク。神戸や東京の風物を切り取る切り絵を『朝日新聞』に連載するほか、『あまから手帖』『古典酒場』等の雑誌やムックでの連載でも好評を博した。

モノクロの切り絵で、これほど繊細な線と影を表現した作家も珍しいけれど、そのテーマが、オーセンティックなバーであってみれば、その一冊は、バーを愛する酒飲みたちのバイブルにならぬはずがない。

『TO　THE　BAR　日本のBAR74選』はまさに決定版だ。しかも、刊行時点ですでに閉店していた店についてもページを分けて掲載しているので、ガイドブックとしてだけでなく、良きバーの歴史を知るための資料としても、活躍してくれる。この一冊を携えてバーを巡り、途中、移動の間に次に寄りたい店のことを調べておく。そんな愉しみも手に入るのである。

冒頭の文章は、大阪の老舗バーである「吉田バー」のページに掲載された短文から抜粋した。

開店直後だ。著者いわく、〈バーが一番美しく輝いている時間に飲む〝最初の一杯〟はバーの愉しみの一つである〉。そこで、某日、吉田バーの当時の開店時刻であった午後四時に入店すると、予想どおり、空気は清められているが、なぜか、ひんやりとはしていない。そこで、著者が気づくのは、店は開店のはるかに前から、動き始めているということだった。

早くから忙しく立ち働いている店の人たちの体温が、図らずも店内の空気を〝常温〟へと馴染ませている。そして、開店時刻には「お客さん、あったためときましたよ」という無言のサービスになっている。

バー好きもトコトンという状況の人になると、店の空気の温度ひとつにも、あれこれと勘が働き、バーテンダーという仕事のなんたるかを、そこから知ろうとする。そして、ごく自然に、毎日の仕込みについて、酒を飲みながら質問していたりする。店からすれば余計なお世話かもしれないが、聞いてみると、意外に、興味深いことを知ったりもする。

バーの場合なら、カクテルに使うフレッシュジュースを事前に手搾りで用意したり、サンドウィッチに使うマヨネーズも手造りしたり、細めのバゲットにレーズンバターをつめたバタパンをつくったり、聞いてみると様々な仕事をしている。オリーヴひとつにしても、塩漬けのものとスタッフドオリーヴと、客の好みに合わせて使い分けるべく、仕入れていたりもする。もっと、シンプルなところでは、ハイボールにきゅっと搾るレモンの皮も、ハイボールが百杯も二百杯も出るような店では、開店のはるか前にしっかり準備しておく必要がある。

こうした仕入れや仕込みがすむときというのは、掃除も空気の入れ換えも全部終わった後であり、後は着替えて髪を整えれば、いつでも客の前に立てる、という段階になって、ようやくひと息つく。当然のことながら、最初の客が入ってきたときには、店のウォーミングアップは完了しているのである。

そういうことを、成田一徹の、短い文章が教え、美しい切り絵が、その世界へと誘いこむのだ。

いい店とは、こういう店のことだよ……。表面的な情報に終始しがちなグルメサイトからは汲み取りようもない、簡単には気づくことができない本質が、そこにある。

おなじ居酒屋でも、時間によってまるで味わいがちがう。暖簾を掛けてすぐのじぶん、日暮れまえ、すっかり満員になってがやがやと喧騒の極まる夜七時、八時ごろ、店に流れる空気はべつのものだ。

平松洋子

『おとなの味』（新潮文庫）所収「もうしわけない味」より

平松洋子（ひらまつ・ようこ）　エッセイスト。一九五八年〜。食文化と暮らし、文芸や作家について幅広い分野で執筆を続ける。『買えない味』でBunkamuraドゥマゴ文学賞、『野蛮な読書』で講談社エッセイ賞を受賞。『日本のすごい味　おいしさは進化する』『日本のすごい味　土地の記憶を食べる』など著書多数。

この言葉を引いた一冊は、料理エッセイ集でも、おいしいもの探訪記、でもない。時間が見える、というと妙な言い方になるが、作者の手にかかると、たとえば一軒の大衆酒場を訪ねたときのわずかな時間でさえ、熱や匂いを帯びて目の前に浮かび上がってくる。そういう記憶や情景を贅沢に織り込んだアルバムであり、ノートだ。

冬の味、ぼんやりした味、おつな味……。口絵に添えた言葉も含めて、すべての文章のタイトルの末尾を「味」としているのだが、一本、一本、丸ごと味わってなお、えも言われぬ何かが残って、それが味だと言われているような気になる。しかし、それは、とても幸福な体験なのだ。色が無限にあると感じられるときのように、豊かな気持ちにさせてくれる。

冒頭の文章は、名古屋の、とある酒場を訪ねたときの感懐だ。文章の表題は「もうしわけない味」。

午後四時の開店にあわせて店に入る。季節は夏。まだ、暑熱が残る街から一歩、広々とした店内に入ると、それだけで生き返るようだ。

枝豆、筆ショウガ、ごま豆腐などの小鉢を、大卓から手に取り、テーブルにつくや、ビールをごくりとやる。店内はまだ静かだ。ビールがなにしろうまい。そのうまさには、日の高いうちから飲む愉しさが大いに影響している。

外に夕闇が迫ってくるわずかな時間にも著者は、酒場における時の移ろいを目の当たりしている。

〈ゆるやかに居酒屋の時間が始まる〉のを、その流れに身をゆだねながら観察する。人がひとり来る。ふたり来る。店が次第に、密度を濃くしていく。

けれど、ほんわり宿っているのは、ひとが醸し出す熱のようなもの。すでに、さきごろのすがすがしさとはちがう情感が流れはじめている。その変化に肌で触れることができるのは、早々に暖簾をくぐった果報だ。

そうこうするうち、いつのまにか居酒屋の時間のなかにまぎれ、酒の味わいのなかにゆるりと溶けこんでゆく。

夕方というにはまだ早い時刻から酒を飲み始めることが好きな人なら先刻承知でしょうが、暮れてゆくわずかな時間に飲む酒は、ことのほか、うまい。

外は徐々にではあるが刻々と暮れていき、酒場は逆に、着実に賑わいを増してくる。最初の徳利はなくなり、二本目になり、刺身か小芋の煮付けなんかほしくなる頃には、ゆらりと血がめぐり、かすかな酔いも兆《きざ》す。そのわずかな変化もまた、夕刻の酒の醍醐味だ。そういう、さりげないことを、よく伝える冒頭のひと言は、多くの酒好きの頭の中で反芻され、改変され、尖ったり、丸くなったりしながら、その本質をあまり変えることなく伝わっていくのかもしれない。

読者の、この文章を読む楽しみの邪魔にならぬよう、あえて、店のことはこれ以上触れないし、引用もしない。けれど、この店は、筆者も暖簾をくぐったことのある一軒で、名店の誉れが高い。実際に訪ねてみて、飲み仲間から教えられていた以上に、居心地よく、ただ、そこにいるだけでいいと思わせてくれる店だった。

そして、筆者もまた、開店からしばらくの時の移ろいをおいしい酒肴として、しばしぼんやりと、酒を飲んだものでした。

酒って、力があるんだと改めて気づいたんです。今の自分があるのも、喜びや悲しみを分かち合えたり、個人と個人をつないだり……。それがあったから、自分らも、酒を造ることができた。

鈴木大介

鈴木大介（すずき・だいすけ）　酒造会社専務取締役、杜氏。一九七三年〜。福島県浪江町の鈴木酒造の跡取り。東京農大卒。日本で一番海に近い酒蔵だった鈴木酒造は東日本大震災で倒壊。避難後、山形県長井市で蔵を再建し、以前にもまして評判の日本酒造りに邁進する。代表銘柄は「磐城壽」。

東日本大震災によって、大きな被害を受けた酒蔵は少なくない。中でも沿岸地域で津波に襲われた酒蔵では、浸水によって在庫や設備の大半を廃棄に追い込まれた蔵があるし、中には、蔵の建屋もろとも、すべてを失った酒蔵もある。岩手県陸前高田市にあった酔仙酒造や、福島県浪江町の鈴木酒造は壊滅的な被害を受けた。

鈴木酒造では、蔵も倉庫も住居も失い、しかも福島第一原発から近く、即刻避難せざるをえなかったため、浪江町の蔵での復興に着手できなかった。

筆者がそんな鈴木酒造の鈴木専務を訪ねたのは、震災から三カ月半ほど経過した、夏を前にした時期だった。鈴木さんは当時、山形県の避難先に家族とともに逃げ、そこから、南会津の酒造会社まで単身、酒造りに赴いていた。

実は、浪江町の蔵で醸していた山廃造りの酒の酒母《しゅぼ》が、福島県の技術研究所に預けられていた。わずかばかりの酒母から酵母を分離・培養することに成功すれば、浪江町の蔵にあった蔵付酵母を、生物学的に継承した酒を造ることができる。鈴木さんは、その作業に没頭し、成功した。私がお会いしたとき、鈴木さんは酵母を生かせたことに表情を和ませてもいた。震災からわずかに三月《みつき》。これからいかにして生きていくか。そのことだけでも問題は山積していたはずだから、週刊誌の取材記者として訪ねた身にはたいへん意外で、同時に、なんという強い精神の持ち主なのだろうと感服させられもした。

　このとき、鈴木さんの手元には、被害に遭わなかった「磐城壽」の一升瓶もあった。取引先の小売店の店頭に残った一本を、その小売店では、これは売りたくないと、鈴木さんの手元に返しに来たのだという。鈴木さんもまた、その酒の栓を抜かない。鈴木さんにはそのとき、小学校へ上がったばかりくらいの、男のお子さんがいた。


　息子が（酒造りを）やると言うときまで、取っておきます。そのときになったら、これが浪江で造ってきた、代々のうちの酒だと、言って、飲ませます。


　このときから二年近く経った、二〇一三年の二月。再び鈴木さんを訪ねた先は、山形県長井市だった。鈴木さんは、鈴木酒造の長井蔵をここに設け、少しずつ、着実に復興の歩みを始めていた。人手も設備も足りないが、それでも、充実した酒造りは可能だ……。鈴木さんの言葉つきは自信にあふれているようだった。

　冒頭の言葉は、二時間ほどの取材の最後に聞いた。

　鈴木さんは前月の、浪江町の避難先の成人式に、酒を持参した。この年の新成人は、高校卒業の直前に震災に襲われ、散り散りになったから、卒業式もしてもらっていない。その彼らのために、鈴木さんは酒を届けようと思った。浪江町の年の離れた後輩たちに、この酒は大事な人やお世話になった人と一緒に飲んでほしいと、ひと言添えたという。

成人式の開始は午前十一時。鈴木さんが酒を運び込んだときはまだ九時だった。しかし、もう、そこには新成人の姿があった。

みんな、会いたかったんでしょう。涙が出ました。

このとき、鈴木さんは、集団の中心に、酒があることに改めて気づき、酒の力に気づくのだ。そして、思うのは、こういう、人と人がつながり合う場を、自分たちがつくっていきたいということ。

天保年間から浪江の地で酒造りをしてきた蔵の銘酒を、浪江に育った若者たちが、その門出の日に酌み交わす。その光景を想像しながら、被災蔵の酒を飲むことは、通りすがりの記者に過ぎない筆者にも、酒のなんたるかを深く考えさせる、とても、大きな経験になった。

農産物を原料に、微生物の力を借りて醸される酒。お酒は単に工場で生産される工業製品ではありません。太陽と大地、水、そして人。母なる大地で繰り広げられる生命サイクルの中で生まれるもの

山同敦子

『極上の酒を生む土と人　大地を醸す』（講談社＋α文庫）

山同敦子（さんどう・あつこ）　ジャーナリスト。食と酒についてのルポ、ノンフィクションを手掛ける。新聞社、出版社を経て、雑誌取材等を通じて、酒造りの現場から、酒のみならず、醸す人と、風土、自然に着目してきた。『日本酒ドラマチック進化と熱狂の時代』など多数の著書がある。

現場に学び、五感で知りえた酒造りのすばらしさを、あますところなく伝える作家の文章は、つねに冷静沈着だが、同時に情熱的だ。自ら蔵元とつながりをつくり、出向き、シャッターを切りまくり、普通の取材ではそこまでやらない、と思われるレベルまで話を掘り下げて聞く。

それは察するに、酒造りという、わかったようでいて、何度出かけても疑問がわいてくるような底深い手わざに対峙して、自らもその奥義を少しでも知らんとする、やみがたい欲求に動かされているからだ。

酒造りのなんたるかについてはまるで初心者の人でも容易に読み進めることができるし、興味をもって先へ先へと読んでいくならば、いつしか、かなりのレベルで酒造りに思いを馳せるようになったりするから、不思議である。

冒頭の言葉は『極上の酒を生む土と人　大地を醸す』という一冊の、著者あとがきから引いた。

この本は、文庫本で、四五〇ページに及ばんとする大作。一九八〇年代から本格焼酎ブームを牽引してきた宮崎の黒木本店のルポに始まり、その後は、土地や地域に根差した独自の酒造りを模索する日本酒の蔵、米の栽培から酒造りまでを一貫生産する蔵、さらには、ワインの醸造元まで、おもしろい酒造りをしている蔵元はいくらでもあると言わんばかりに、広大な酒造りの沃野を走り回る。

ここまでが、いずれ劣らぬ濃密な七章。そして第八章は、福島県浪江町の鈴木酒造店の震災前後のルポ（この蔵の鈴木大介氏の言葉は、本書の一八八ページにも紹介した）で、被災の状況から復興へ向けての現実を、詳述している。

さらに第九章は、宮城県の被災蔵を訪ねて、誇り高き蔵元たちの再起を描く。

この、第八、九章の二章で著者は、蔵の人々とともに嘆き、苦しみ、ともに泣いている。そして、ともに先を見る。ここで終わらぬ、心強き人々が、土地の風土と人のつながりと、農産物を糧として、明日の展望を開いていく様を、じっくりと見る。何かお手伝いをしようとか、忘れないようにしようとか、そうレベルをはるかに超えて、ともに歩こうとするからこそ、この分厚い一冊はかけがえのない言葉に埋め尽くされているのだ。

あとがきの日付は二〇一三年の二月。

この本を書き終えたいま、素敵な人々が暮らす町や、縁あるすべての場所が故郷だと思えるようになりました。酒蔵巡りをしながら、また東日本大震災と原発事故を通じて、日本という国がどれほど愛しく、自分にとってかけがえのない存在であるのか、ようやく気づきました。そうです。私の故郷は日本です。国を、故郷を、愛しいと心から思うこと。震災とそこからの長い復旧・復興の道のりで、多くの人の胸にあふれた祈りにも似た思い――。そういうことを、このあとがきはケレンミなく率直に伝える。著者は、つづけて、こう記している。

「大地を醸す」人々との出会いによって、私は漂泊し続けてきた自らの魂が落ち着く場所を見つけることができたのです。

経験に根差した率直な言葉は、別の人の人生の指針にもなり得る。そんなことを感じさせる一節だと思う。

生の焼酎は、人生の下降線をどこかに感じさせる危うい、しかし止められない旨さであり、レモンサワーは、行手がいかに茫洋としていても、先になにか少しの明るさを感じさせる旨さだった。

中原蒼二

『わが日常茶飯　立ち飲み屋「ヒグラシ文庫」店主の馳走帳』（星羊社）所収「ヒグラシ文庫のレモンサワー」より

中原蒼二（なかはら・そうじ）　プロデューサー、立ち飲み屋店主。一九四九年〜。演劇・舞踏、都市文化施設のプロデュースを手がける傍ら、北九州市の情報誌『雲のうえ』創刊に携わる。劇団「水族館劇場」の制作代表であり、立ち飲み屋「ヒグラシ文庫」（鎌倉・大船）を主宰。

いくつもの肩書があって、逆にナニをしている人なのか、にわかにつかめないのが、この言葉の主、中原蒼二氏。北九州市角打ち文化研究会関東支部長でもあり、類まれな包丁の使い手でもある。

とはいえ、料理人でも料理研究家でも、食や酒のルポライターでもない。ただ、食材探しにぶらりと出かけ、旬のうまいものを手に入れて調理し、気の合う人、舌の合う人、ただ、会いたいだけの人、酒を一緒に飲みたい人に振舞うのを、得意とする。

筆者などは、この方のずいぶんと年下だけれど、いちどうちへ来なさいよ、とお招きを受けたら、その料理の腕前に度肝を抜かれたクチだ。なにしろ、うまいものを、よく知っている。好きこそものの、と、言うけれど、まさにあれで、各種の酒肴から麺類、カレーにいたるまで、うまいものを食卓にのせる愉楽を、自身も存分に味わっているかのようだ。

それが高じて店を出した。立ち飲み屋である。注文の品と現金を交換する、シンプルなシステムの酒場で、自ら考案したつまみを出す。

ちょっとうまいだろ？　というさり気なさで出すのであるが、冷奴にポテサラ、塩辛、鳥皮ポン酢。アジ、背黒イワシ、サバなどの魚介まで、実はなんでもうまい。

これは、酒のほうも同様で、この店のレモンサワーが格別なのであるが、そこへたどり着くまでのストーリーが、前出の本にも出てくる。

四十五年前の話。青年であった中原氏は、高円寺か西荻窪か、そのあたりで飲んでいて、隣のおじさんから、キンミヤ焼酎を教わり、梅割りでたいそう飲んで、何杯飲んだか記憶がなくなった。後日同じ店を訪ねると、キンミヤ焼酎に炭酸だけを入れている人か、そこにさらにカットレモンを入れている人か、おおむね、その二種類に分かれることを知り、レモンサワーを試した。そのときの感想が、冒頭の言葉である。

その後で中原氏は、来し方を振り返るのだ。

それから、何千杯の金宮レモンサワーを飲んだろうか。（中略）無駄には飲んだが、おれはそのうち、どういうバランス（焼酎、氷、炭酸、レモンの割合）が旨いのか、ということが気になって、金宮の四合瓶、氷、炭酸、カットレモン一式を注文し、自分が旨いと感ずる割合を探した。

黄金比の探究である。

こういうことを、実にまじめに、真剣にやるのが、酒飲みというものだ。

そして、結果は出た。引用しよう。

結果、400cc入る金宮グラスに、金宮は正半合（90cc）、氷はグラスいっぱい、そこにカットレモンを絞り、炭酸を注ぎ込む。もちろん、すべて冷えていなくてはいけないし、炭酸注入後は攪拌してはいけない。

立ち飲み屋「ヒグラシ文庫」では、これを、正統派レモンサワーと呼ぶ。いたずらに和英辞典を引くならば、オーセンティック・レモンサワーということになる。ときに、この店には、もう一杯のレモンサワーがある。

グラスの背丈がぐんと低くなる。そのほかは、正統派と同じ塩梅でつくるようで、ということはつまり、最後に足す、炭酸の量がぐんと少ない。これだと、炭酸で腹がダブダブと膨れてしまうこともなく、実に具合がいい。と、かように思った中原氏が探究の末にレシピを確立し、自ら厨房に立ちながら、接客もしながら、ときおり飲むのにちょうどいいサワーとして、「まかないサワー」と命名した。

ちなみに「まかない」は英語でスタッフ・ミール。つまり、メシである。まかないに酒を出す店はないのだ、たぶん。しかし、この店ではスタッフだけでなく、客にもこの「まかない」を出す。そして、これがまた、格別にうまいのである。

オータケさん……。あかんやん

関西在住の某編集者

関西在住の某編集者　仕事のできる女性編集者で、筆者（大竹）などにも目を配り、声をかけてくれる、心根のやさしい人。

最後は、自分の、なさけない状況について、少しく開陳します。

酒をたくさん飲んでいると、いろいろ不具合はある。二日酔い、三日酔いなどは、どうということもないし、そもそも、具合がよかろうが、悪かろうが、そんなことは、周囲の人の知ったことではない。

ただし、周囲に迷惑をかけると、困ったことになる。なにしろ、もうしわけない。どういうときか。

あまりの二日酔いで使い物にならないなんてのはその筆頭なんでしょうが、これはもう、誤魔化すしかない。誤魔化しきれない酒臭さというのもあって、相手によっては絶縁されても文句は言えない。ユルシテオクレ、と思わないでもないが、言い訳はきかない。

一方で、そういう酔漢の醜態に慣れている人もいらっしゃる。私の知り合いの関西の女性編集者がその一人だ。彼女も酒が強いし、気風がいいというのでしょうか、万事さばけていて、接しやすい。

けれど、こういう人にこそ、迷惑をかけたくないというのが酔っ払いの情というもの。いや、迷惑をかけるようなみっともないことになりたくないのが素直なところで、男は酔うてなんぼよ、などと嘯《うそぶ》いて、つねにカパカパと飲みたいところではある。

実際、そんなふうを気取ってきたのだけれど、あるとき、そうもいかなくなった。翌日から、関西で立ち飲み屋さんの取材が組まれている。担当は彼女である。満を持してでかけるべきところである。不案内な土地の名店に連れ歩いてくれるわけだから、そもそも楽しみでもある。

しかしながら、三日前くらいから、どうにも歩けなくなってしまったのだ。

私は痛風持ちである。風が吹いても痛い、というほどになったことはないのだが、足首だとか、甲だとかが、足を地に着くたび痛む、という症状は何回か経験してきた。初めてのときは、内科医の診断を受けて、薬ももらった。痛みは和らいだが、下痢もしたし、そもそも尿酸値は高くなかった。痛風ではないのかもしれないと、その医師が呟いたくらいだから、私も甘く見たというところがある。

けれど、それから後も、何度か、歩けないぞ、という状況には見舞われてきたのだ。それを顧みることなく不摂生をつづけてきたわけだから、大事な関西出張を前に、あららら？　歩けないんじゃないの、という過酷な状況になったのは自業自得というものだった。

前日になっても、自宅でトイレに行くのに悶絶するありさま。けれど、取材のアポイントは整っている。全部チャラにして、なんてことが成立するわけはない。幸い左足である。車の運転に支障はないし、義母から借りた杖をうまく突けば、ヨタヨタであるが移動はできる。

そこで、決心した。

私の住む東京は多摩地区から新横浜まで自ら運転し、駅になるべく近いところに駐車して新幹線まで這ってでもたどり着く。そうすれば、新大阪からはカメラマンの車に同乗させてもらいながらの取材だからなんとかなる。立っているだけならなんとかなる。その晩、泊まって、明日はまた明日の風が吹くさ。

こうして、某月某日、午前十一時。新大阪駅へ着いた私は、編集の彼女が待つ、中央改札へ向かって杖を突き突き脂汗。改札の向こうに、迎えにきてくれた編集女史の姿が見えた。よかった。来られないという最悪の事態を避けることができた。私は、できるかぎり、なんでもないふうを装って改札を出て、声をかけた。

「おはようございます！」

彼女は、杖を突く私の姿をじっと見て、ひと言、言った。

「……オータケさん……、あかんやん？」

そう、あかんのよ。でも、やってきたからには、行かねばならぬ。

杖突いて、立ち飲み四軒、ハシゴ酒——。取材を終えたとき、安心と疲労と痛みで、私の意識は、かなり薄くなっていたのです。

解説　もしこれが学校のクラスなら

戌井昭人

本書に登場するのは、有名無名問わず、偉人だとか一般人だとかも関係なく、遠い昔に死んだ人、少し前に死んだ人、まだ生きている人などです。ボードレール、古今亭志ん生、タクシーの運転手さん、ブコウスキー、中島らも、檀一雄、高田渡、ランボー、小林秀雄、佃島の老人、酒豪の兄弟などなど、約五十名の酒飲みが出てきます。作家が多いけれど、登場する順番は秩序がなく、年代順でもありませんが、この滅茶苦茶な並び方に、なんだかグッときてしまいます。ですから、目次欄の人名を眺めているだけでも、酔いがまわってくるようにワクワクと目眩がしてきます。

わたし、教員免許は持っていませんが、もしコレが学校の出席簿だったらと考えてみました。もちろん彼らが酒飲みになる前の中学生か高校生のとき、しかし、考えてみたら「ゾッ」としました。絶対、担任にはなりたくありません。初日から学級崩壊間違いない。そこで、クラスメイトとしてならどうかと考えてもみました。確かに面白いクラスにはなりそうで、イジメとかも無さそうですが、あまりにも突飛な奴が多いので、どんどん自分の存在が小さくなっていきそうです。そして一番の問題は、果たしてこの人たちが、きちんと学校に来るかということです。

とにかく、個性の塊の人間が次から次に出てきます。そして彼らの酒にまつわる言葉が、大竹聡さんによって紹介され、わたしも含め、世間の酔っぱらいに贈られているのです。

一つ一つの項目を読んでいくたびに、登場してくる方々の酒にまつわるエピソードに驚きますが、実は作者である「大竹聡・AKA・酒呑まれ」も、そうとう酔狂な方であることに気づくことでしょう。大竹さんは、酔っぱらいや酒を飲んでいる人を見るのが、とことん好きなのだと感じます。まるで酒飲みを肴に酒を飲むような節があるのではないかとも思えてきました。

実はわたしも、大竹さんの前で酒を飲んだことがあります。というか一緒に酒を飲んだのですが、話していたら、わたしと大竹さんは東京の外れの出身で、近所であることが判明し、それを肴に、また酒が進みました。その後、わたしはビールを数杯飲み、「さて次は日本酒を飲みたいけれど、どれが良いのか」と悩んでいると、大竹さんは、どんなものが飲みたいか尋ねてきて、答えると、的確なアドバイスをしてくれました。もちろん、酒の薀蓄《うんちく》とかではなく、アドバイスは、なんだか心地のよい音楽のようでもありました。そして、頼んだ酒を飲み、「美味い」と言うと、大竹さんは、自分が飲んでいるかのように笑顔になるのでした。コッチが酒を飲むと、向こうの大竹さんが微笑み、それを見てコッチがまた飲む、はたから見れば、おっさん同士の気味の悪い交流ですが、大竹さんは、酒呑まれでもあるけれど、相当な酒呑ませでもありました。とにかく、酒を飲む人が好きなのでしょう。

そんな大竹聡・AKA・酒呑まれ・AKA・酒呑ませが、大好きな酒飲みたちを本書に集めました。そして彼らの言葉や、大竹さんの解説を読んでいると、こちらも確実に酒が飲みたくなるのです。

つまり過去から綿々と続くアルコール摂取人間の橋渡しを大竹さんは本書でやってのけていて、「こんな人たちが、こんなこと言ってんだから気にするな、飲んじまいな」と悪魔のように囁いているようでもあります。いや、もしかすると天使の導きなのかもしれません。たとえば、酒を神とするなら、大竹さんは酒飲みの伝道師であるのか？　とも思えてきました。するとこの本は、酒飲みの聖書なのか？　などなど、酒飲みの本なのに「伝道師」だ「聖書」だなんぞ、わたし自身が酔っぱらいの戯言になっていますが、現在この原稿を書いている最中ですから、もちろん酒は飲んでいません。本書にも数人出てきますが、わたしは酒を飲みながら原稿を書ける派ではありません。

人生の困難に出会ったときに用意されている言葉を集めたものが聖書であるとすれば、本書は、酔っぱらいが、どうして酒を飲むのか問われ、困窮したときに言い訳をするバイブルになり得るのではないかと思うのです。ですから、「おい、お前さん、なんで、そんなに酒を飲むんだ？」と言われたときは、本書をペラペラめくり、誰かの言葉を相手に放ったら効果的かもしれません。酒飲みの皆さま、ぜひ実践してみましょう。もしかすると、余計怒られるかもしれませんが。

さあ、ここまで書いてきたら、そろそろわたしも酒を飲みたくなってきた。それにしても、わたしという人間は、もしくは、あなたという人間は、どうして酒を飲むのでしょう？　このことは考えるほどに馬鹿らしくなってくる問題ですが、そんなときは、やはり、この本のページのどこかを開いてみましょう、そうすれば答えのようなものがあるかもしれません。いや、無いかな？

とにかく酒があれば飲むという人間は、どちらにしろ酒を飲み、そして酔うのです。それで酔っぱらったら、現実から一センチくらい浮いた状態になります。五センチの人もいるし、〇・三センチの人もいる、酔い方は人それぞれですが、わたしの場合は

○・八センチくらいだと思います。

　酔うのは心地が良いけれど、もちろん酔って失敗することもあります。それでも飲んでしまうのは酒の謎です。でも、後悔することもありません。謎だらけなのです。だからこそ、魅惑的であり、面白味があるのです。そのような言葉が本書には詰まっています。

　そんなこんなで、わたしも、大竹さんの真似をして、まわりの酒飲みたちの言葉を思い返してみました。

　ある酒場で、隣に座っていたおじさんが突然立ち上がり、肩に天秤桶を持っている態《てぃ》で歩きながら、昔の納豆売りの真似をはじめ、「なっと、なっと～」と叫びだしたことがあります。「なっと、なっと～」以来、わたしは、どういうわけか二日酔いに納豆は良いと思っています。ついでにもうひとつ、あるとき居酒屋の囲炉裏に敷き詰められた丸石を食っている人がいて、「そんなの食ってだいじょうぶですか？」と言ったら「石は食えるんだぞ」と放った言葉、以来わたしの中で、石は食えるものということになりました。もちろん自ら望んで食べることはありませんが、アサリの味噌汁などで、歯の奥でジャリっと嫌な音がしても、「石は食えるんだぞ」が浮かんでくるのです。と、ここまで書いておいて気づきましたが、本書は酒場での戯言ではありません。どちらかといえば、酒飲みが素面のときに酒のことを考えた言葉だから、わたしがいま書いたのはちょっと趣旨が違うかも、すみません。でも大竹さんには、酒場で聞いた言葉というのも大量のストックがあるだろうから、そのような本も今後希望します。

結局のところ酒は、実体の摑めない人間を形成するようで、酔っぱらうことは死の恍惚に近づこうとする行為でもあるように思えてきました。でもそれで良いじゃないか、酒とはそういうもんだ。

本書は、酒飲みの伝道師かもしれない大竹聡・ＡＫＡ・酒呑まれの、酒飲みたちへの愛がつまっているのです。

本書は、書き下ろしです。

中央線で行く東京横断ホッピーマラソン　大竹聡

東京〜高尾、高尾〜仙川間各駅の店でホッピーを飲む！　文庫化にあたり、仙川〜新宿間を飲み書き下ろし、各店データを収録。（なぎら健壱）

酒呑まれ　大竹聡

酒に淫した男、『酒とつまみ』編集長・大竹聡が、酒とともに出会った忘れられない人々との思い出を自らの半生とともに語る。（石田千）

多摩川飲み下り　大竹聡

始点は奥多摩、終点は川崎。多摩川に沿って歩き下っては、飲み屋で飲んだり、川原でツマミと缶チューハイ。28回にわたる大冒険。（高野秀行）

酔客万来　酒とつまみ編集部編

中島らも、井崎脩五郎、蝶野正洋、みうらじゅん、高田渡という酒飲み個性派5人各々に、『酒とつまみ』編集部が面白話を聞きまくる。抱腹絶倒トーク。

たべもの芳名録　神吉拓郎

食べ物の味は、思い出とちょっとのこだわりで、より奥が深くなる。「鮓」「天ぷら」「鮎」「カレー」……。食エッセイの古典的傑作。（大竹聡）

古典落語　志ん生集　古今亭志ん生　飯島友治編

八方破れの生きざまを芸の肥やしとした五代目志ん生の、「お直し」「品川心中」など今も色褪せることのない演目を再現する。

江分利満氏の優雅な生活　山口瞳

卓抜な人物描写と世態風俗の鋭い観察によって昭和一桁世代の悲喜劇を鮮やかに描き、高度経済成長期前後の一時代をくっきりと刻む。（小玉武）

山田風太郎明治小説全集（全14巻）　山田風太郎

これは事実なのか？　フィクションか？　歴史上の人物と虚構の人物が明治の東京を舞台に繰り広げる奇想天外な物語。かつ新時代の裏面史。

言葉なんかおぼえるんじゃなかった　田村隆一・語り　長薗安浩・文

戦後詩を切り拓き、常に詩の最前線で活躍し続けた伝説の詩人・田村隆一が若者に向けて送る珠玉のメッセージ。代表的な詩25篇も収録。（穂村弘）

開高健　ちくま日本文学

流亡記　二重壁　声だけの人たち　笑われた　ベトナム戦記より　戦場の博物誌　一匹のサケ　河は呼んでいる　他（大岡玲）

東京酒場漂流記　なぎら健壱

異色のフォーク・シンガーが達意の文章で綴るおかしくも哀しい酒場めぐり。薄暮の酒場に集う人々との無言の会話、酒、肴。（高田文夫）

中島らもエッセイ・コレクション　中島らも　小堀純編

小説家、戯曲家、ミュージシャンなど幅広い活躍で没後なお人気の中島らもの魅力を凝縮！　酒と文学とエンターテインメント。（いとうせいこう）

色川武大・阿佐田哲也ベスト・エッセイ　色川武大／阿佐田哲也　大庭萱朗編

二つの名前を持つ作家のベスト。文学論、落語からタモリまでの芸能論、ジャズ、作家たちとの交流も。阿佐田哲也名の博打論も収録。（木村紅美）

バーボン・ストリート・ブルース　高田渡

流行に迎合せず、グラス片手に飄々とうたい続け、いぶし銀のような輝きを放ちつつ逝った高田渡の酔いどれ人生、ここにあり。（スズキコージ）

買えない味　平松洋子

一晩寝かしたお芋の煮っころがし、土瓶で淹れた番茶、風にあてた干し豚の滋味……日常の中にこそある、おいしさを綴ったエッセイ集。（中島京子）

びんぼう自慢　古今亭志ん生　小島貞二編・解説

「貧乏はするものじゃありません。味わうものですな」その生き方が落語そのものと言われた志ん生が自らの人生を語り尽くす名著の復活。

志ん生の噺（全5巻）　古今亭志ん生　小島貞二編

その生き方すべてが「落語」と言われた志ん生の幅広い芸を滑稽、人情、艶などのテーマ別に贈る、読む「志ん生落語」の決定版。

志ん生滑稽ばなし　志ん生の噺1　古今亭志ん生　小島貞二編

何度も甦り、ファンの心をつかんで放さない志ん生落語。その代表作をジャンル別に分けて贈るシリーズの第一弾。爆笑篇二十二席。（大友浩）

志ん生艶ばなし　志ん生の噺2　古今亭志ん生　小島貞二編

「え〜、カタいことばっかりいって世の中を渡ったってしょうがない……」。志ん生、秘中の秘、軽妙洒脱な艶笑噺全二十席。（大友浩）

志ん生人情ばなし　志ん生の噺3　古今亭志ん生　小島貞二編

「え〜、人間というものは、どういうもンですか、この……」。独特の語り口でしみじみ聞かせる江戸の人間模様。至芸の全十四席。（大友浩）

志ん生長屋ばなし
志ん生の噺4
古今亭志ん生
小島貞二編
「……おまえさんといっしょにいるてえと、また損しちゃうんだから……」。志ん生の生活と意見がにじみ出る十八番の長屋噺十三席。（大友浩）

志ん生廓ばなし
志ん生の噺5
古今亭志ん生
小島貞二編
「惚れて通えば千里も一里　広い田ンボもひとまたぎ……なんてのは学校じゃ教ェない」。シリーズ最終巻は名作、熱演の廓ばなし十四席。

志ん朝の風流入門
古今亭志ん朝
齋藤明
失われつつある日本の風流な言葉を、小唄端唄、和歌俳句、芝居や物語から選び抜き、古今亭志ん朝の粋な語りに乗せてお贈りする。（浜美雪）

志ん朝の落語1
――男と女
古今亭志ん朝
京須偕充編
第一巻「男と女」は志ん朝ならではの色気漂う噺集。口絵に遺品のノート、各話に編者解説を付す。「明烏」「品川心中」「厩火事」他全十二篇。

志ん朝の落語2
――情はひとの…
古今亭志ん朝
京須偕充編
第二巻は人情の機微を描いた噺集。各話に編者解説を付す。「子別れ・下」「井戸の茶碗」「唐茄子屋政談」「百年目」「文七元結」他全十一篇。

志ん朝の落語6
――騒動勃発
古今亭志ん朝
京須偕充編
得がたい芸風で噺をゆたかにふくらませた古今亭志ん朝。最終巻は小気味よい啖呵さえわたる「大工調べ」から「高田馬場」まで全十一篇。

放哉と山頭火
渡辺利夫
エリートの道を転げ落ち、引きずる死の影を詩いあげる放哉。各地を歩いて生きて在ることの孤独と寂寥を詩う山頭火。アジア研究の碩学による省察の旅。

ボードレール全詩集Ⅰ
シャルル・ボードレール
阿部良雄訳
詩人として、批評家として、思想家として、近年重要度を増しているボードレールのテクストを世界的な学者の個人訳で集成する初の文庫版全詩集。

修羅維新牢
山田風太郎
薩摩兵が暗殺されたら、一人につき、罪なき江戸の旗本十人を斬る！　明治元年、江戸。官軍の復讐の餌食となった侍たちの運命。（中島河太郎）

魔群の通過
山田風太郎
幕末、内戦の末に賊軍の汚名を着せられた水戸天狗党の戦い。その悲劇的顛末を全篇一人称の語りで描いた傑作長篇小説。（中島河太郎）

ランボー全詩集　アルチュール・ランボー　宇佐美斉訳

束の間の生涯を閃光のようにかけぬけた天才詩人ランボー――稀有な精神が紡いだ清冽なテクストを、世界的ランボー学者の美しい新訳でおくる。

ブコウスキーの酔いどれ紀行　チャールズ・ブコウスキー　中川五郎訳

泥酔、喧嘩、二日酔い。酔いどれエピソードと嘆き節がぶつかり合う、伝説的カルト作家による笑いと涙の紀行エッセイ。（佐渡島庸平）

太宰治全集（全10巻）　太宰治

第一創作集『晩年』から太宰文学の総結算ともいえる『人間失格』、さらに『もの思う葦』ほか随想集も含め、清新な装幀でおくる待望の文庫版全集。

深沢七郎の滅亡対談　深沢七郎

自然と文学（井伏鱒二）、「思想のない小説」論議（大江健三郎）、ヤッパリ似た者同士（山下清）他、人間滅亡教祖の終末問答19篇。（小沢信男）

東京骨灰紀行　小沢信男

両国、谷中、千住……アスファルトの下、累々と埋もれる無数の骨灰をめぐり、忘れられた江戸・東京の記憶を掘り起こす鎮魂行。（黒川創）

大正時代の身の上相談　カタログハウス編

他人の悩みはいつの世も蜜の味。大正時代の新聞紙上で１２９人が相談した、あきれた悩み、深刻な悩みが時代を映し出す。（小谷野敦）

へろへろ　鹿子裕文

最期まで自分らしく生きる。そんな場がないのなら、自分たちで作ろう。知恵と笑顔で困難を乗り越え、新しい老人介護施設を作った人々の話。（田尻久子）

無敵のハンディキャップ　北島行徳

同情の拍手などいらない！　リング上で自らをさらけ出し、世間のド肝を抜いた障害者プロレス団体「ドッグレッグス」、涙と笑いの快進撃。（齋藤陽道）

『洋酒天国』とその時代　小玉武

開高健、山口瞳、柳原良平……個性的な社員たちが創ったサントリーのＰＲ誌の歴史とエピソードを自ら編集に携わった著者が描き尽くす。（鹿島茂）

驚嘆！　セルフビルド建築　沢田マンションの冒険　加賀谷哲朗

比類なき巨大セルフビルド建築、沢マンの全魅力！　４階に釣堀、５階に水田、屋上に自家製クレーンも！　帯文＝奈良美智（初見学、岡啓輔）

なめくじ艦隊　古今亭志ん生

〝空襲から逃れたい〞、〝向こうには酒がいっぱいある〞という理由で満州行きを決意。存分に自我を発揮して自由に生きた落語家の半生。（矢野誠一）

談志　最後の落語論　立川談志

伝説の『現代落語論』から五十数年、亡くなる直前まで「落語」と格闘し続けた談志が最後に書き下ろした落語・落語家論の集大成。（サンキュータツオ）

談志　最後の根多帳　立川談志

落語のネタ決めの基準から稽古法まで談志落語の舞台裏を公開。貴重な音源から名演五席を収録し、本・CD・DVDリストを付す。（広瀬和生）

想像のレッスン　鷲田清一

「他者の未知の感受性にふれておろおろする」自分を晒けだしたかった、著者のアート（演劇、映画等）論。見ることとの野性を甦らせる。（堀畑裕之）

白土三平論　四方田犬彦

60年代に社会構造を描き出した『カムイ伝』、蜂起の歴史哲学を描いた『忍者武芸帳』等代表作、そして「食物誌」まで読み解く。書き下ろしを追加。

見えるものと観えないもの　横尾忠則

アートは異界への扉だ！　吉本ばなな、島田雅彦から黒澤明、淀川長治まで、現代を代表する十一人との、この世ならぬ超絶対談集。（和田誠）

芸術ウソつかない　横尾忠則

横尾忠則が、表現の最先端を走る15人と、芸術の源泉、深淵について、語り合い、ときに聞き手となって尋ねる魂の会話集。（戌井昭人）

京都、オトナの修学旅行　赤瀬川原平　山下裕二

子ども時代の修学旅行では京都の面白さは分からない！　襖絵も仏像もお寺の造作もオトナだからこそ味わえるのだ。（みうらじゅん）

新宿駅最後の小さなお店ベルク　井野朋也

新宿駅15秒の個人カフェ「ベルク」。チェーン店にはない創意工夫に満ちた経営と美味さ。帯文＝奈良美智　（柄谷行人／吉田戦車／押野見喜八郎）

整体から見る気と身体　片山洋次郎

「整体」は体の歪みの矯正ではなく、歪みを活かしてのびのびした体にする。老いや病はプラスにもなる。滔々と流れる生命観。よしもとばなな氏絶賛！

自分にやさしくする整体　片山洋次郎

こんなに簡単に自分で整体できるとは！「脱ストレッチ」など著者独自の方法も。肩こり、腰痛など症状別チャート付。（甲田益也子）

間取りの手帖 remix　佐藤和歌子

世の中にこんな奇妙な部屋が存在するとは！間取りと一言コメント。文庫化に当たり、間取りとコラムを追加し著者自身が再編集。（南伸坊）

「食の職」新宿ベルク　迫川尚子

新宿駅構内の安くて小さな店で本格的な味に出会えるのはなぜか？　副店長と職人がその技を伝える。メニュー開発の秘密、苦心と喜び。（久住昌之）

整体入門　野口晴哉

日本の東洋医学を代表する著者による初心者向け野口整体のポイント。体の偏りを正す基本の「活元運動」から目的別の運動まで。（伊藤桂一）

風邪の効用　野口晴哉

風邪は自然の健康法である。風邪をうまく経過すれば体の偏りを修復できる。風邪を通して人間の心と体を見つめた、著者代表作。（伊藤桂一）

体癖　野口晴哉

整体の基礎的な体の見方、「体癖」とは？　人間の体をその構造や感受性の方向によって、12種類に分ける。それぞれの個性を活かす方法とは？（加藤尚宏）

身体感覚を磨く12カ月　松田恵美子

冬は蒸しタオルで首を温め、梅雨時は息を吐き切る練習をする。ヨーガや整体の技を取り入れたセルフケアで元気になる。鴻上尚史氏推薦。

身体能力を高める「和の所作」　安田登

なぜ能楽師は80歳になっても颯爽と舞うことができるのか？　「すり足」「新聞パンチ」等のワークで大腰筋を鍛え集中力をつける。（内田樹）

ノラや　——内田百閒集成9　内田百閒

百閒宅に入りこみ、不意に戻らなくなった愛猫ノラの行方を嘆じ続ける表題作を始めとして、猫の話ばかりを集めた22篇。（稲葉真弓）

まあだかい　——内田百閒集成10　内田百閒

還暦祝いより十数年に及ぶ摩阿陀会を舞台にかつての生徒たちとの交流、自らの老いを軽妙に描く。会恒例百閒先生ご挨拶は秀逸。（内田道雄）

タンタルス ——内田百閒集成11　内田百閒

酔わせてくれるものは酒、飛行機、船。飢渇の亡者の名を冠した表題作を始め心地良いものを追い求め羽化登仙の感興を語る随筆集。（内田樹）

私の「漱石」と「龍之介」　内田百閒

師・漱石を敬愛してやまない百閒が、おりにふれて綴った師の行動と面影とエピソード。さらに同門の友、芥川との交遊を収める。（武藤康史）

阿房列車 ——内田百閒集成1　内田百閒

「なんにも用事がないけれど、汽車に乗って大阪へ行って来ようと思う」。上質のユーモアに包まれた、紀行文学の傑作。（和田忠彦）

立腹帖 ——内田百閒集成2　内田百閒

一日駅長百閒先生の訓示は「規律ノ為ニハ、千頓ノ貨物ヲ雨ザラシニシ、百人ノ旅客ヲ轢殺スルモ差支エナイ」。楽しい鉄道随筆。（保苅瑞穂）

冥途 ——内田百閒集成3　内田百閒

無気味なようで、可笑しいようで、怖いようで。曖昧な夢の世界を精緻な言葉で描く、「冥途」「旅順入城式」など33篇の小説。（多和田葉子）

サラサーテの盤 ——内田百閒集成4　内田百閒

薄明かりの土間に死んだ友人の後妻が立っている。——映画化された表題作のほか「東京日記」「東海道刈谷駅」などの小説を収める。（松浦寿輝）

贋作吾輩は猫である ——内田百閒集成8　内田百閒

一九〇六年、水がめに落っこちた「漱石の猫」が蘇る。漱石の弟子、百閒が老練なユーモアで練りあげた『吾輩は猫である』の続篇。（清水良典）

尾崎翠集成（下）　尾崎翠　中野翠編

時間とともに新たな輝きを加えてゆく尾崎翠の文学世界。下巻には『アップルパイの午後』などの戯曲、映画評、初期の少女小説を収録する。

沈黙博物館　小川洋子

「形見じゃ」老婆は言った。死の完結を阻止するために形見が盗まれる。死者が残した断片をめぐるやさしくスリリングな物語。（堀江敏幸）

読んで、「半七」！　岡本綺堂　北村薫／宮部みゆき編

半七捕物帳には目がない二人の選んだ傑作23篇を二分冊で。「半七」のおいしいところをぎゅぎゅっと凝縮！　お文の魂／石燈籠／勘平の死／ほか。

絶望図書館 頭木弘樹編

心から絶望したひとへ、絶望文学の名ソムリエが古今東西の小説、エッセイ、漫画等々からぴったりの作品を紹介。前代未聞の絶望図書館へようこそ！

トラウマ文学館 頭木弘樹編

大好評の『絶望図書館』第2弾！ もう思い出したくもないという読書体験が誰にもあるはず。洋の東西、ジャンルを問わずそんなトラウマ作品を結集！

悦ちゃん 獅子文六

ちょっぴりおませな女の子、悦ちゃんがのんびり屋の父親の再婚話をめぐって東京中を奔走するユーモアと愛情に満ちた物語。初期の代表作。（窪美澄）

詩ってなんだろう 谷川俊太郎

谷川さんはどう考えているのだろう。その道筋にそって詩を集め、選び、配列し、詩とは何かを考えるおもとを示しました。（華恵）

ナンセンス・カタログ 谷川俊太郎 和田誠画

詩につながる日常にひそむ微妙な感覚。谷川俊太郎のエッセイと和田誠のナンセンスなイラストで描いた150篇のショートショートストーリー。

中島らも短篇小説コレクション 中島らも 小堀純編

珠玉の未発表作品「美しい手」、単行本未収録の「〝青〟を売るお店」を筆頭に厳選。ユーモラスで、ホラーで、抒情的な作品集。（松尾貴史）

世界幻想文学大全
幻想文学入門 東雅夫編著

幻想文学のすべてがわかるガイドブック。澁澤龍彥、中井英夫、カイヨワ等の幻想文学案内のエッセイも収録し、資料も充実。初心者も通も楽しめる。

柳花叢書
山海評判記／オシラ神の話 泉鏡花／柳田國男 東雅夫編

泉鏡花の気宇壮大にして謎めいた長篇傑作とそのアイディアの元となった柳田國男のオシラ神研究論考を網羅して一冊に。小村雪岱の挿絵が花を添える。

日本幻想文学大全
幻妖の水脈 東雅夫編

『源氏物語』から小泉八雲、泉鏡花、江戸川乱歩、都筑道夫……。妖しさ蠢く日本幻想文学、ボリューム満点のオールタイムベスト。

日本幻想文学大全
幻視の系譜 東雅夫編

世阿弥の謡曲から、小川未明、夢野久作、宮沢賢治、中島敦、吉村昭……。幻視の閃きに満ちた日本幻想文学の逸品を集めたベスト・オブ・ベスト。

超短編アンソロジー　本間祐編
超短編とは、小説、詩等のジャンルを超え、数行という短さによって生命力を与えられた作品のこと。キャロル、足穂、村上春樹等約90人の作品。

方丈記私記　堀田善衞
中世の酷薄な世相を覚めた眼で見続けた鴨長明。その人間像を自己の戦争体験に照らして語りつつ現代日本文化の深層をつく。巻末対談＝五木寛之

クマのプーさん エチケット・ブック　A・A・ミルン　高橋早苗訳
『クマのプーさん』の名場面とともに、プーが教えるマナーとは？　思わず吹き出してしまいそうな可愛らしい教えたっぷりの本。（浅生ハルミン）

絵本ジョン・レノンセンス　ジョン・レノン　片岡義男／加藤直訳
ビートルズの天才詩人による詩とミニストーリーと絵。言葉遊び、ユーモア、風刺に満ちたファンタジー。原文付。序文＝P・マッカートニー。

星の王子さま　サン＝テグジュペリ　石井洋二郎訳
飛行士と不思議な男の子。きよらかな二つの魂の出会いと別れを描く名作――透明な悲しみが読むものの心にしみとおる、最高度に明快な新訳でおくる。

きみを夢みて　スティーヴ・エリクソン　越川芳明訳
マジックリアリズム作家の最新作、待望の訳し下ろし！　作家ザン夫妻はエチオピアの少女を養女にする。「小説内小説」と現実が絡む。推薦文＝小野正嗣

ルビコン・ビーチ　スティーヴ・エリクソン　島田雅彦訳
マジックリアリスト、エリクソンの幻想的描写が次々に繰り広げられるあまりに魅力的な代表作。空間のよじれの向こうに見えるもの。（谷崎由依）

内田百閒　ちくま日本文学
花火　山東京伝　件　道連　豹　冥途　大宴会　流渦　蘭陵王入陣曲　山高帽子　長春香　東京日記　サラサーテの盤　特別阿房列車　他　（赤瀬川原平）

芥川龍之介　ちくま日本文学
トロッコ　蜜柑　お時儀　鼻　芋粥　地獄変　藪の中　杜子春　奉教人の死　開化の殺人　魔術　枯野抄　或る阿呆の一生　詩　発句　他　（安野光雅）

宮沢賢治　ちくま日本文学
革トランク　毒もみのすきな署長さん　風の又三郎　注文の多い料理店　猫の事務所　オツベルと象　セロ弾きのゴーシュ　詩　歌曲　他　（井上ひさし）

尾崎翠 ちくま日本文学
こおろぎ嬢 地下室アントンの一夜 歩行 第七官界彷徨 山村氏の鼻 詩人の靴 新嫉妬価値 途上にて アップルパイの午後 花束 他 (矢川澄子)

幸田文 ちくま日本文学
勲章 姦声 髪 段 雛 笛 鳩 黒い裾 蜜柑の花まで 浅間山からの手紙 結婚雑談 長い時のあと みそっかす 他 (安野光雅)

寺山修司 ちくま日本文学
誰か故郷を想はざる抄 家出のすすめ抄 毛皮のマリー サーカス スポーツ版裏町人生より おさらばという名の黒馬 田園に死す抄 他 (池内紀)

江戸川乱歩 ちくま日本文学
白昼夢 二銭銅貨 心理試験 屋根裏の散歩者 人間椅子 押絵と旅する男 防空壕 恋と神様 乱歩打明け話 旅順海戦館 幻影の城主 他 (島田雅彦)

太宰治 ちくま日本文学
魚服記 ロマネスク 満願 津軽抄 女生徒 千代女 新釈諸国噺より お伽草紙より トカトントン 桜桃 ヴィヨンの妻 他 (長部日出雄)

坂口安吾 ちくま日本文学
風博士 村のひと騒ぎ FARCEに就て 風と光と二十の私と 日本文化私観 堕落論 白痴 金銭無情 桜の森の満開の下 他 (鶴見俊輔)

生きる技術 ちくま哲学の森 1巻
空気草履(古今亭志ん生) 新橋の狸先生(森銑三) 嘘つきの技術の退廃について(トウェイン) 結婚について(ジブラーン) 老子など28篇

美しい恋の物語 ちくま文学の森 1巻
初恋(尾崎翠) ラテン語学校生(ヘッセ) ポルトガル文(リルケ訳) ほれぐすり(スタンダール) ことづけ(バルザック) なよたけ(加藤道夫)など14篇

三島由紀夫 ちくま日本文学
海と夕焼 中世 夜の仕度 家族合せ 幸福という病気の療法 真珠 三原色 喜びの琴 私の遍歴時代抄 終末感からの出発 他 (森毅)

織田作之助 ちくま日本文学
馬地獄 夫婦善哉 勧善懲悪 木の都 蛍 ニコ狆先生 猿飛佐助 アド・バルーン 競馬 世相 可能性の文学 (多田道太郎)

狂い咲け、フリーダム　栗原康 編

国に縛られない自由を求めて気鋭の研究者が編む。大杉栄、伊藤野枝、中浜哲、朴烈、金子文子、平岡正明、田中美津ほか。帯文＝ブレイディみかこ

色川武大　ちくま日本文学

ひとり博打　怪しい来客簿より　唄えば天国ジャズソングより　風と灯とけむりたち　善人ハム　男の花道　離婚　喰いたい放題より 他　（和田誠）

夢野久作　ちくま日本文学

いなか、の、じけん抄　瓶詰地獄　押絵の奇蹟　氷の涯　人間腸詰　猟奇歌　謡曲黒白談より　杉山茂丸　（なだいなだ）

寺田寅彦　ちくま日本文学

団栗　糸車　病院の夜明けの物音　自画像　芝刈　電車の混雑について　自然界の縞模様　西鶴と科学　怪異考　俳句の精神　地図を眺めて 他　（藤森照信）

岡本綺堂　ちくま日本文学

半七捕物帳より（お文の魂　冬の金魚 他）三浦老人昔話より（桐畑の太夫 他）青蛙堂鬼談より　修禅寺物語　相馬の金さん　（杉浦日向子）

石川啄木　ちくま日本文学

一握の砂　悲しき玩具　呼子と口笛より　我等の一団と彼　林中書　時代閉塞の現状　弓町より　郁雨に与う　日記　手紙　（関川夏央）

萩原朔太郎　ちくま日本文学

純情小曲集　月に吠える　青猫より　定本青猫より　氷島より　猫町　郷愁の詩人与謝蕪村　日本への回帰　小泉八雲の家庭生活　自転車日記 他　（荒川洋治）

岡本かの子　ちくま日本文学

鯉魚　渾沌未分　金魚撩乱　みちのく　鮨　家霊　老妓抄　河明り　雛妓　太郎への手紙　短歌　（工藤美代子）

金子光晴　ちくま日本文学

詩人　どくろ杯より　マレー蘭印紀行より　日本人の悲劇より　詩（水の流浪　鮫　蛾　洗面器　くらげの唄　二十五歳　落下傘 他）　（茨木のり子）

堀辰雄　ちくま日本文学

鳥料理　ルウベンスの偽画　麦藁帽子　燃ゆる頬　恢復期　風立ちぬ　幼年時代　花を持てる女　姨捨　曠野　樹下　（池内紀）

ちくま文庫

酔《よ》っぱらいに贈《おく》る言葉《ことば》

二〇一九年六月十日　第一刷発行

著　者　大竹聡（おおたけ・さとし）
発行者　喜入冬子
発行所　株式会社　筑摩書房
東京都台東区蔵前二―五―三　〒一一一―八七五五
電話番号　〇三―五六八七―二六〇一（代表）
装幀者　安野光雅
印刷所　三松堂印刷株式会社
製本所　三松堂印刷株式会社

ISBN978-4-480-43604-7　C0195